ROADMAPPING

ROADMAPPING

UMA ABORDAGEM ESTRATÉGICA PARA O GERENCIAMENTO DA INOVAÇÃO EM PRODUTOS, SERVIÇOS E TECNOLOGIAS

MAICON GOUVÊA DE OLIVEIRA / **JONATHAN** SIMÕES FREITAS
ANDRÉ LEME FLEURY / **HENRIQUE** ROZENFELD
ROBERT PHAAL / **DAVID** PROBERT

ALTA BOOKS
EDITORA
Rio de Janeiro, 2019

Roadmapping
Copyright © 2019 da Starlin Alta Editora e Consultoria Eireli. ISBN: 978-85-508-0617-4

Todos os direitos estão reservados e protegidos por Lei. Nenhuma parte deste livro, sem autorização prévia por escrito da editora, poderá ser reproduzida ou transmitida. A violação dos Direitos Autorais é crime estabelecido na Lei nº 9.610/98 e com punição de acordo com o artigo 184 do Código Penal.

A editora não se responsabiliza pelo conteúdo da obra, formulada exclusivamente pelo(s) autor(es).

Marcas Registradas: Todos os termos mencionados e reconhecidos como Marca Registrada e/ou Comercial são de responsabilidade de seus proprietários. A editora informa não estar associada a nenhum produto e/ou fornecedor apresentado no livro.

Impresso no Brasil.

Obra disponível para venda corporativa e/ou personalizada. Para mais informações, fale com projetos@altabooks.com.br

Editoração Eletrônica
Estúdio Castellani

Revisão
Carolina Leocadio e Alvanísio Damasceno

Copidesque
Adriana Alves

Produção Editorial
Elsevier Editora - CNPJ: 42.546.531./0001-24

Erratas e arquivos de apoio: No site da editora relatamos, com a devida correção, qualquer erro encontrado em nossos livros, bem como disponibilizamos arquivos de apoio se aplicáveis à obra em questão.

Acesse o site www.altabooks.com.br e procure pelo título do livro desejado para ter acesso às erratas, aos arquivos de apoio e/ou a outros conteúdos aplicáveis à obra.

Suporte Técnico: A obra é comercializada na forma em que está, sem direito a suporte técnico ou orientação pessoal/exclusiva ao leitor.

A editora não se responsabiliza pela manutenção, atualização e idioma dos sites referidos pelos autores nesta obra.

Dados Internacionais de Catalogação na Publicação (CIP) de acordo com ISBD

R628	Roadmapping: uma Abordagem Estratégica para o Gerenciamento da Inovação em Produtos, Serviços e Tecnologias / Maicon Gouvêa de Oliveira ... [et al.]. - Rio de Janeiro : Alta Books, 2019. 208 p. : il. ; 16cm x 23cm. Inclui bibliografia. ISBN: 978-85-508-0617-4 1. Administração. 2. Gerenciamento. 3. Inovação. 4. Produtos. 5. Serviços. 6. Tecnologias. 7. Roadmapping. I. Oliveira, Maicon Gouvêa de. II. Freitas, Jonathan Simões. III. Fleury, André Leme. IV. Rozenfeld, Henrique. V. Phaal, Robert. VI. Probert, David. VII. Título.
2019-116	CDD 658.4062 CDU 658.512.2

Elaborado por Vagner Rodolfo da Silva - CRB-8/9410

Rua Viúva Cláudio, 291 — Bairro Industrial do Jacaré
CEP: 20970-031 — Rio de Janeiro - RJ
Tels.: (21) 3278-8069 / 3278-8419
www.altabooks.com.br — altabooks@altabooks.com.br
www.facebook.com/altabooks

"Tornar as coisas complexas é uma tarefa simples,
mas torná-las simples é uma tarefa complexa"
Dettmer, 1998

AGRADECIMENTO

Os conhecimentos apresentados nas páginas deste livro são fruto da dedicação, não só dos autores, mas também de vários colegas que, no decorrer dos anos, têm atuado com grande competência no desenvolvimento e disponibilização de tecnologias gerenciais para a inovação. Assim, agradecemos a todos esses que, de alguma forma, têm contribuído para a formação do conhecimento da área.

Em especial, gostaríamos de agradecer o apoio e as experiências compartilhadas por nossos colegas do Grupo de Engenharia Integrada (GEI) e do Laboratório de Análise, Desenvolvimento e Operação de Sistemas (LADOS) da Universidade de São Paulo (USP); pelos colegas do Núcleo de Tecnologia da Qualidade e da Inovação (NTQI) da Universidade Federal de Minas Gerais (UFMG); e pelos colegas do *Institute for Manufacturing* (IFM) da Universidade de Cambridge. Juntos, esses centros de pesquisa desenvolveram parte importante da história do roadmapping e trabalham para a consolidação de sua prática nas empresas.

Somos gratos, também, a todas as empresas e instituições com quem estabelecemos parcerias, ao longo dos últimos oito anos, para o desenvolvimento de pesquisas, treinamentos e consultorias. O aprendizado acumulado foi determinante para a formatação desta obra sobre roadmapping.

Por fim, agradecemos ao Conselho Nacional de Desenvolvimento Científico e Tecnológico (CNPq), à Coordenação de Aperfeiçoamento de Pessoal de Nível Superior (CAPES) e à Fundação de Amparo à Pesquisa do Estado de Minas Gerais (Fapemig) pelo financiamento dos projetos que viabilizaram o desenvolvimento deste livro.

OS AUTORES

Maicon Gouvêa de Oliveira

Professor, pesquisador e consultor em gestão de inovação e desenvolvimento de produtos. Doutorado em Planejamento da Inovação pela Escola de Engenharia de São Carlos (EESC), da Universidade de São Paulo (USP), e pesquisador visitante no *Centre for Technology Management*, da Universidade de Cambridge, Inglaterra. Membro do Grupo de Engenharia Integrada (GEI) e do Núcleo de Manufatura Avançada (NUMA). Graduado em Engenharia Mecânica, com ênfase em Projetos de Produtos, e mestre em Engenharia de Produção na EESC-USP.

Jonathan Simões Freitas

Professor e pesquisador nas áreas de estratégia, inovação e empreendedorismo. Associado do Núcleo de Tecnologia da Qualidade e da Inovação da Universidade Federal de Minas Gerais (NTQI-UFMG), do Núcleo de Pesquisa e Ensino em Marketing e Estratégia de Operações (NUME-UFMG) e do Instituto para o Desenvolvimento de Empresas de Base Tecnológica (IEBT). Graduado em Engenharia de Produção, mestre e doutorando em Administração pela UFMG, com estudos na ESIEE Amiens, França, e na HEC Montréal, Canadá. Atua principalmente em empresas de base tecnológica e centros de alta tecnologia.

André Leme Fleury

Professor doutor da Escola Politécnica da Universidade de São Paulo (Poli-USP). Coordenador de projetos de pesquisa e desenvolvimento de inovações em serviços tecnológicos, incorporando conhecimentos das áreas de roadmapping, engenharia de produção, design e engenharia de software. Graduado em Engenharia Mecânica de Produção pela USP, mestre em Engenharia de Produção pela UFSC e doutor em Engenharia de Produção pela USP, foi pesquisador visitante no *Centre for Technology Management* da Universidade de Cambridge, Inglaterra.

Henrique Rozenfeld

Professor titular da Escola de Engenharia de São Carlos (EESC), da Universidade de São Paulo (USP). Coautor do livro *Gestão de desenvolvimento de produtos: uma referência para a melhoria do processo*, adotado como referência por várias empresas e instituições de ensino. Professor convidado em 1995 pelo WZL Aachen, Alemanha, e em 2003 pela Universidade de Missouri, Estados Unidos. Coordenador do Programa de Pós-Graduação em Engenharia de Produção da EESC-USP, do Núcleo de Manufatura Avançada (NUMA) e do Grupo de Engenharia Integrada (GEI).

Robert Phaal

Pesquisador associado sênior no Departamento de Engenharia da Uni-versidade de Cambridge, Inglaterra. Trabalha com a gestão estratégica de tecnologias e o desenvolvimento de métodos para a criação de estratégias tecnológicas e de inovação. Coautor de artigos e livros clássicos sobre a abordagem do roadmapping, como o *T-Plan: fast start to technology road-mapping – planning your route to success.*

David Probert

Diretor do *Centre for Technology Management* do Departamento de Engenharia da Universidade de Cambridge, Inglaterra. Trabalhou por 15 anos nas indústrias alimentícia, têxtil e eletrônica antes de se tornar pro-fessor na Universidade de Cambridge. Coautor de artigos e livros clássicos sobre a abordagem do roadmapping, como o *T-Plan: fast start to techno-logy roadmapping – planning your route to success.*

VISÃO GERAL

Uma característica marcante dos tempos atuais é a mudança rápida e contínua gerada por inovações em produtos, serviços e tecnologias. Ao longo do último século, o mundo testemunhou o surgimento de inovações espetaculares, como o automóvel, a televisão, o computador, o celular e a internet. Nos últimos anos, um crescimento explosivo de novos produtos e serviços tem se tornado possível pelo acelerado desenvolvimento, por exemplo, das biotecnologias, nanotecnologias e tecnologias de informação e comunicação. Essas novas possibilidades, associadas ao desejo de alcançar um futuro sustentável, têm motivado uma busca cada vez maior por inovações.

Planejar e gerenciar a inovação tornou-se, então, uma questão central para as organizações que querem acompanhar e, principalmente, induzir mudanças no mercado. Os novos produtos, serviços e tecnologias impactam diretamente no desempenho das organizações, pois influenciam, por exemplo, o comportamento dos concorrentes, que ficam mais competitivos, e dos clientes, que se tornam cada vez mais exigentes.

Em particular, a indústria brasileira encontra-se em uma fase de transição, na qual inovar e competir em nível mundial são fatores essenciais para a sobrevivência dos negócios e para a própria evolução do país. Assim, torna-se de grande importância a geração de novos conhecimentos, capazes de auxiliar as organizações no desenvolvimento de novos produtos, serviços e tecnologias.

Este objetivo – apoiar a inovação na indústria brasileira – é a razão pela qual este livro foi concebido. O roadmapping, aqui apresentado, é uma abordagem estratégica, objetiva e flexível, que foi criada para auxiliar no gerenciamento e planejamento da inovação. Atualmente, já são conhecidas iniciativas relacionadas com o roadmapping em empresas brasileiras de destaque, como Petrobras, Embraer, Tigre, Embrapa e Braskem. Todavia, muitas empresas brasileiras (grandes, médias e pequenas) ainda podem usufruir dos seus benefícios.

A abordagem do roadmapping é formada por dois componentes principais:

- o roadmap: um mapa que apresenta os possíveis caminhos de um negócio ou organização em direção aos seus objetivos de inovação, mostrando as oportunidades existentes e os desafios a serem enfrentados.

- o processo de roadmapping: o processo de desenvolvimento do roadmap, o qual envolve considerações sobre como preparar a aplicação da abordagem, como executá-la, como utilizar seus resultados e como consolidar as informações usando o roadmap.

Até este momento, não existe disponível em língua portuguesa outra publicação dedicada a essa abordagem com a profundidade e precisão adotadas neste trabalho. Além disso, o conteúdo deste livro reflete conhecimentos e experiências de professores e consultores renomados na área, com destaque para Robert Phaal e David Probert, do *Centre for*

Technology Management da Universidade de Cambridge, considerados por muitos referências mundiais em roadmapping.

O público-alvo deste livro inclui diretores, gerentes, coordenadores e analistas envolvidos com o planejamento, desenvolvimento e gerenciamento da inovação. Suas informações são úteis para leitores provenientes de qualquer área organizacional, uma vez que a inovação é um processo multifuncional que depende do comprometimento de todos.

Este livro foi escrito em cinco capítulos, nos quais são fornecidas informações sobre a utilização do roadmapping no gerenciamento e planejamento da inovação em produtos, serviços e tecnologias.

- **Capítulo 1 – Apresentação do roadmapping**
  Nesse capítulo são apresentados os conhecimentos relevantes para a compreensão da abordagem do roadmapping, das suas características básicas e de seus dois componentes principais: o mapa e seu processo de desenvolvimento. Também são mostrados os dois tipos de roadmapping usados para o gerenciamento e planejamento da inovação, destacando-se como eles se relacionam com os processos de planejamento estratégico e de inovação nas organizações.

- **Capítulo 2 – O processo de roadmapping**
  Nesse capítulo, o processo de roadmapping é descrito por meio da explicação dos seus seis elementos: conjunto de atividades; informações; recursos humanos e físicos; diretrizes de processo; partes interessadas; e resultados. Em seguida, são apresentadas as 10 melhores práticas para o uso do roadmapping, as quais, quando observadas, aumentam as chances de se obter sucesso com sua aplicação. Por fim, exemplos de roadmapping considerados referência para praticantes e pesquisadores são descritos. Apesar de serem oriundos de casos específicos, a compreensão desses exemplos é uma rica fonte de informação para aqueles que pretendem aplicar o roadmapping.

- **Capítulo 3 – Roadmapping para a definição de estratégias de inovação**
  Nesse capítulo é apresentado um processo de roadmapping desenvolvido com a finalidade de formular estratégias e priorizar objetivos de inovação. Esse processo, denominado S-Plan, foi criado na Universidade de Cambridge e tornou-se rapidamente uma referência simples e prática para a utilização do primeiro tipo de roadmapping apresentado neste livro, o roadmapping para a definição de estratégias de inovação. O S-Plan é descrito em conjunto com um caso prático e, ao final do capítulo, são disponibilizados outros exemplos.

- **Capítulo 4 – Roadmapping para o planejamento de produtos e tecnologias**
  Esse capítulo segue a mesma estrutura do capítulo anterior, porém com foco no segundo tipo de roadmapping abordado neste livro, o roadmapping para o planejamento de produtos e tecnologias. O T-Plan, também desenvolvido na Universidade de Cambridge, é usado como referência para descrever esse tipo de aplicação. Seu processo é descrito com a ajuda de um caso prático e é seguido por mais exemplos.

- **Capítulo 5 – Enriquecendo os resultados do roadmapping**
  Nesse capítulo são indicadas ferramentas que podem potencializar os resultados atingidos com o roadmapping. Portanto, seu conteúdo terá utilidade especial para aqueles que já utilizam a abordagem e gostariam de aprimorar seus resultados. As ferramentas descritas podem ajudar de três formas: com a estruturação de informações sobre o momento presente e de curto prazo, com o estabelecimento de previsões sobre o futuro da organização e do ambiente de atuação e com a integração entre as camadas do *roadmap*. A aplicação da maioria dessas ferramentas independe do *roadmapping* e já é,

normalmente, de domínio das organizações. Contudo, ao serem integradas ou terem seus resultados incorporados ao roadmapping, podem alavancar o potencial da abordagem.

Esperamos que este livro contribua com o desenvolvimento de tecnologias, serviços e produtos inovadores, idealizados a partir da aplicação da abordagem do roadmapping.

SUMÁRIO

Agradecimento — vii
Os autores — ix
Visão geral — xiii

CAPítuLO 1
Apresentação do roadmapping — 1

1. Conceitos sobre o **roadmap** e sua arquitetura — 3
2. Os caminhos estratégicos no **roadmapping** — 9
3. A matriz do **roadmapping** — 11
4. A linguagem visual dos **roadmaps** — 13
5. Os tipos de aplicação do **roadmapping** — 15
6. Integração do **roadmapping** nos processos de negócio — 18
   6.1. O roadmapping no planejamento estratégico — 19
   6.2. O roadmapping no processo de inovação — 23
7. Resumo do capítulo — 27
8. Referências — 27

CAPítuLO 2
O processo de roadmapping — 31
1. Os elementos dos processos de roadmapping — 33
   1.1. Conjunto de atividades — 36
   1.2. Informações — 39
   1.3. Recursos humanos e físicos — 41
   1.4. Diretrizes do processo — 44
   1.5. Partes interessadas — 48
   1.6. Resultados — 49
2. Melhores práticas de roadmapping — 52
3. Exemplos de processos de roadmapping — 57
   3.1. Roadmapping da Motorola — 59
   3.2. Roadmapping da Philips Electronics — 63
   3.3. Roadmapping da Lucent Technologies — 66
   3.4. Roadmapping da EIRMA — 68
   3.5. Roadmapping do S-Plan — 72
   3.6. Roadmapping do T-Plan — 74
4. Resumo do capítulo — 77
5. Referências — 78

CAPítuLO 3
Roadmapping para a definição de estratégias de inovação — 81
1. Processo exemplificado do S-Plan — 84
   1.1. Etapa de mapeamento estratégico — 88
   1.2. Etapa de detalhamento de tópicos — 92
   1.3. Revisão dos resultados — 96
2. Outros exemplos de aplicação do S-Plan — 98
3. Resumo do capítulo — 107
4. Referências — 108

CAPítuLO 4
Roadmapping para o planejamento de produtos e tecnologias — 109
1. Processo exemplificado do T-Plan — 112
   1.1. Atividade de planejamento do processo — 113
   1.2. Workshop de mercado — 115
   1.3. Workshop de produto — 118
   1.4. Workshop de tecnologia — 121
   1.5. Workshop de construção do *roadmap* — 123

2. Outros exemplos de aplicação do T-Plan 126
3. Resumo do capítulo 136
4. Referências 137

CAPítuLO 5
Enriquecendo o resultado do Roadmapping **139**

1. Ferramentas para aquisição de informações 145
   1.1. Ferramentas para a camada de mercados/negócios 146
   1.2. Ferramentas para a camada de produtos/serviços 157
   1.3. Ferramentas para a camada de tecnologias/recursos 162
2. Ferramentas para integração de informações 167
   2.1. Matrizes de correlação 168
   2.2. PERT-CPM 171
3. Ferramentas para projeção de informações 173
   3.1. Planejamento de cenários 174
   3.2. Estratégia do Oceano Azul 177
   3.3. Inovação aberta 180
4. Resumo do capítulo 181
5. Referências 182

CAPÍTULO 1

Apresentação do roadmapping

Este capítulo apresenta as principais informações para a compreensão do roadmapping como uma abordagem estratégica para o gerenciamento e planejamento da inovação. É de fundamental importância para o entendimento dos capítulos subsequentes e inclui os seguintes tópicos: a função do roadmap e da sua arquitetura, a formação dos caminhos estratégicos, a matriz básica do roadmapping, a linguagem visual, os dois tipos de roadmapping considerados neste livro e a contribuição do roadmapping para os processos de planejamento estratégico e inovação.

1. Conceitos sobre o roadmap e sua arquitetura

O roadmapping é uma abordagem utilizada para a identificação, definição e mapeamento das estratégias, objetivos e ações relacionados com a inovação em uma organização ou negócio. Seu principal resultado é o roadmap, um mapa que integra perspectivas de áreas distintas, tais como as comerciais e técnicas.* O objetivo dessa integração é alinhar diferentes visões para responder de forma coordenada a três perguntas relacionadas com a evolução da organização ou do negócio: "Onde estamos?", "Aonde queremos chegar?" e "Como chegaremos?", conforme ilustra a Figura 1.

Esse tipo de mapa, que integra diversas perspectivas organizadas em camadas e considera uma linha de tempo relacionada com as três perguntas citadas, é denominado roadmap. A combinação entre as camadas e a linha de tempo constitui o que é chamado de arquitetura do roadmap. Logo, essa arquitetura incorpora um eixo na posição horizontal, que reflete a dimensão do tempo, e um na vertical, que envolve as camadas usadas para organizar as informações de diferentes perspectivas. A união desses dois eixos é o que caracteriza e distingue o roadmapping das outras abordagens empregadas para o gerenciamento e planejamento da inovação.

Outra propriedade importante do roadmap é o seu estilo gráfico, ou seja, a maneira como são visualmente apresentadas as informações no mapa, em termos, por exemplo, de cores e formas. O estilo gráfico depende da mensagem que o mapa quer transmitir e do público que a receberá.

A junção da arquitetura (camadas e linha de tempo) e do estilo gráfico do roadmap cria uma forma sistemática e simples de estruturar as informações relacionadas com a inovação. Essa forma permite que informações normalmente distribuídas entre documentos, processos e pessoas de diferentes áreas organizacionais sejam coletadas, consolidadas e transmitidas aos interessados de maneira eficaz e eficiente por meio de um retrato do contexto da inovação.[1] Assim, os roadmaps mapeiam e esclarecem os aspectos relacionados com a inovação na organização ou no negócio e,

---

* É comum o uso dos termos roadmap e roadmapping para fazer referência a conceitos genéricos, não diretamente relacionados com a abordagem específica enfocada neste livro. Isso acontece porque esses termos são usados, pelo seu próprio significado, para indicar caminhos, mapas ou o processo de criação de um caminho ou mapa.

FIGURA 1 A integração das perspectivas e as perguntas sobre a evolução da organização ou do negócio ao longo do tempo

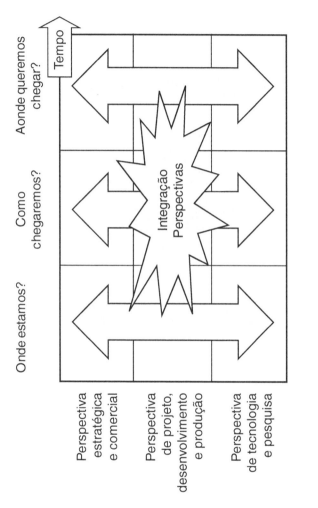

FIGURA 2 O roadmap como uma ferramenta para esclarecer o contexto da inovação

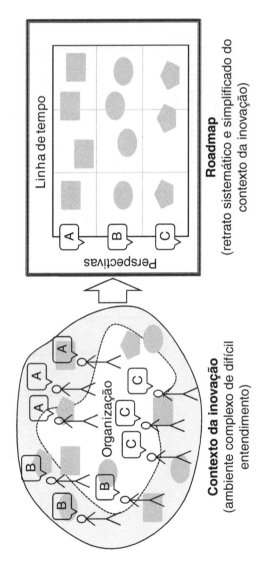

consequentemente, apoiam a solução dos problemas pela correta definição de estratégias, objetivos e ações. Na Figura 2 mostra-se a ideia dos roadmaps enquanto ferramenta que facilita a criação de um retrato do contexto da inovação.

Existem inúmeras possibilidades de camadas e de linhas de tempo para uso na arquitetura de um roadmap. Essa flexibilidade é uma característica da abordagem do roadmapping, que permite sua modificação para comportar os objetivos e contextos de cada aplicação.[2] O importante é que a abordagem incorpore um roadmap robusto o suficiente para captar o contexto da inovação que está sendo observado. Na Figura 3 são apresentados exemplos de camadas e de linhas de tempo que podem ser adotadas para formar a arquitetura dos roadmaps. A escolha de qual combinação utilizar depende dos objetivos e do contexto da aplicação.[3]

As camadas utilizadas nos roadmaps orientados para inovação usualmente incorporam informações sobre mercados e negócios, produtos e serviços, bem como tecnologias e recursos. Em relação à linha de tempo, são mais comuns os períodos que consideram o momento presente e o curto, médio e longo prazos. O intervalo de tempo efetivamente adotado para cada um desses períodos depende do contexto em análise e precisa ser revisto em cada aplicação. Por exemplo, um período de cinco anos pode ser tratado como curto prazo em alguns negócios e como longo prazo em outros.

A arquitetura de roadmap apresentada na Figura 4 é a mais encontrada nas aplicações de roadmapping para inovação. Ela adota, no eixo vertical, as camadas: mercados/negócios, produtos/serviços e tecnologias/recursos; e, no eixo horizontal, os períodos de tempo: presente, curto/médio prazos e longo prazo.

FIGURA 3 Exemplos de camadas e de linhas de tempo para a arquitetura de um roadmap

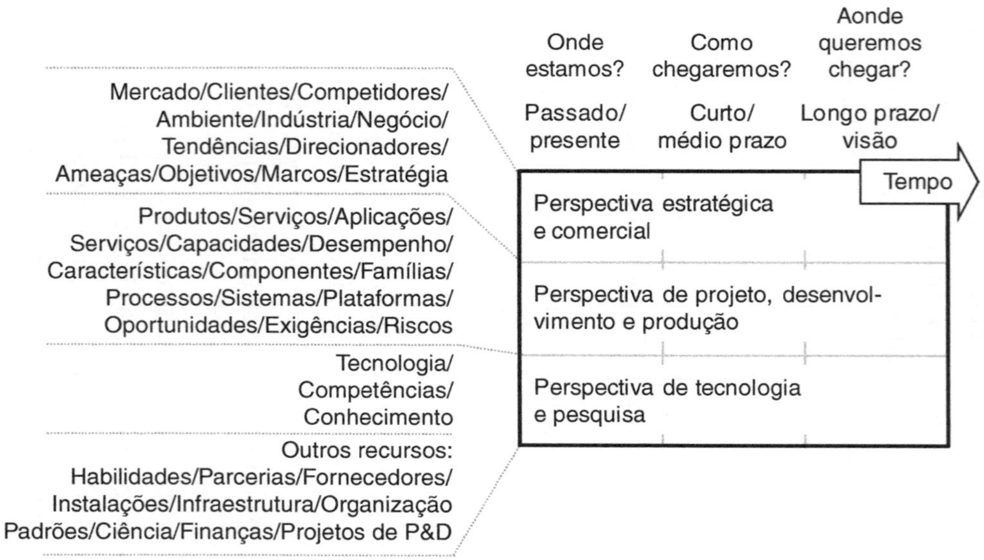

	Onde estamos?	Como chegaremos?	Aonde queremos chegar?
	Passado/ presente	Curto/ médio prazo	Longo prazo/ visão ↑ Tempo
Mercado/Clientes/Competidores/ Ambiente/Indústria/Negócio/ Tendências/Direcionadores/ Ameaças/Objetivos/Marcos/Estratégia	Perspectiva estratégica e comercial		
Produtos/Serviços/Aplicações/ Serviços/Capacidades/Desempenho/ Características/Componentes/Famílias/ Processos/Sistemas/Plataformas/ Oportunidades/Exigências/Riscos	Perspectiva de projeto, desenvolvimento e produção		
Tecnologia/ Competências/ Conhecimento	Perspectiva de tecnologia e pesquisa		
Outros recursos: Habilidades/Parcerias/Fornecedores/ Instalações/Infraestrutura/Organização Padrões/Ciência/Finanças/Projetos de P&D			

Fonte: Adaptação da referência 3.

FIGURA 4 Arquitetura de roadmap comumente usada em roadmappings para inovação

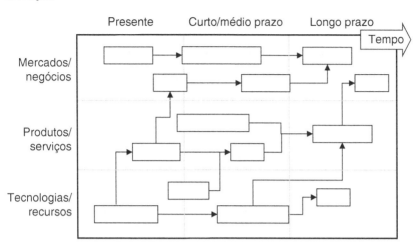

2. Os caminhos estratégicos no roadmapping

No processo de roadmapping, as informações disponíveis e as decisões tomadas determinam o preenchimento do roadmap. São criadas relações entre elementos de uma mesma camada ou de camadas diferentes, e definem-se o posicionamento e a duração de cada elemento no tempo. Ao final do processo, são visualizados os caminhos estratégicos que a organização deve percorrer para alcançar com sucesso as inovações, conforme mostrado na Figura 5.

Na maioria das organizações, as estratégias de inovação são predominantemente "puxadas pelo mercado" (em inglês, *market-pull*), sendo a inovação justificada por demandas do mercado e objetivos do negócio. Nessa lógica, a camada superior dos roadmaps (mercado/negócio) indica o "por quê?" das inovações, ou seja, estabelece a razão que justifica um novo produto, serviço ou tecnologia. O valor desenvolvido e entregue pela organização, usualmente na forma de produtos e serviços (camada intermediária do roadmap), representa o "o quê?" e é oferecido para

FIGURA 5 A construção dos caminhos estratégicos usando o roadmap

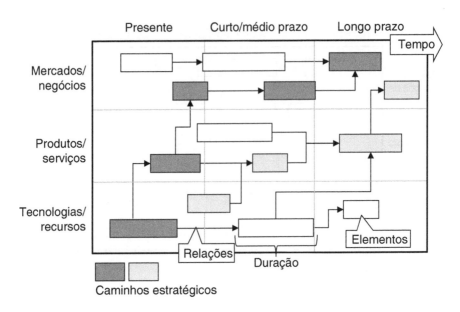

satisfazer o cliente e atingir a oportunidade identificada no mercado. Para ser capaz de desenvolver e entregar novos produtos e serviços, a organização deve dispor dos meios necessários. Ou seja, o "como?", que denota os recursos posicionados na camada inferior do roadmap, a qual inclui tecnologias e outros tipos de recursos. Portanto, em contextos "puxados pelo mercado" as camadas de um roadmap usualmente ilustram o "por que da inovação?", "o que desenvolver para inovar?" e "como fazer esse desenvolvimento?".

Em organizações de base tecnológica, as tecnologias representam o principal ativo estratégico. Assim, essas podem "empurrar" as inovações para o mercado, em uma estratégia conhecida como "empurrada pela tecnologia" (em inglês, *technology-push*). Nesse caso, as tecnologias tornam-se o "por quê?" das inovações, já que podem criar novos produtos e serviços, redirecionar a organização e redefinir a competitividade do mercado.

Exemplos recentes de inovações "empurradas pela tecnologia" incluem dois produtos lançados nos últimos anos pela empresa americana Apple: o iPhone e o iPad. Esses produtos trouxeram funcionalidades inicialmente desconhecidas e não explicitamente demandadas pelos usuários. Isto é, não existia um "por quê?" evidente no mercado para tais produtos que poderia motivar o desenvolvimento de novas tecnologias. Pelo contrário, o "por quê" estava exatamente no potencial das tecnologias dominadas pela organização.

Da mesma forma que um produto ou serviço inovador ("o quê?") pode surgir a partir de uma demanda do mercado ("por quê?") e exigir, para o seu desenvolvimento, uma tecnologia ("como?"), o contrário também é possível. O domínio de uma tecnologia por determinada organização pode motivar a criação de novos produtos, que demandarão a geração de novos negócios e mercados para se tornarem comercialmente viáveis.

Atualmente, um dos grandes desafios das organizações é atingir o equilíbrio entre essas duas estratégias: a "puxada pelo mercado" e a "empurrada pela tecnologia". Isso porque ambas necessitam de processos distintos e complementares para o desenvolvimento e gerenciamento da inovação. Portanto, é cada vez mais claro que a sustentabilidade dos negócios e das organizações depende da coexistência dessas duas estratégias. Algo que o uso do roadmapping apoia deliberadamente, já que permite uma análise integrada das várias oportunidades de inovação que possam surgir durante a construção dos caminhos estratégicos.

3. A matriz do roadmapping

As perguntas que definem os períodos na linha de tempo ("Onde estamos?", "Aonde queremos chegar?" e "Como chegaremos?") e as que explicitam as camadas da arquitetura do roadmap ("por quê?", "o quê?" e "como?") são as perguntas fundamentais de um roadmap. Elas são mostradas na matriz do roadmapping apresentada na Figura 6.

FIGURA 6 A matriz do roadmapping formada pelas perguntas fundamentais relacionadas com a linha do tempo e com as camadas do roadmap

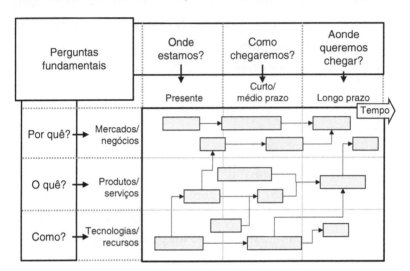

Os significados dessas perguntas são explicados a seguir, começando com as perguntas relacionadas com a linha do tempo:

- **Onde estamos?** Identifica o posicionamento atual da organização e do negócio, considerando mercados, produtos, serviços, tecnologias e recursos. As respostas obtidas permitem a identificação de oportunidades e ameaças para inovação. Uma visão completa e precisa da situação atual é o primeiro passo para a definição de estratégias, objetivos e ações futuras.
- **Aonde queremos chegar?** Estabelece estratégias e objetivos de longo prazo, usualmente a partir da missão e visão estratégica da organização. Para isso, detalha as características esperadas para os mercados no longo prazo e as desdobra em objetivos e ações para novos produtos e serviços, que, por sua vez, devem guiar a evolução das tecnologias e recursos.
- **Como chegaremos?** Descreve o caminho entre a situação atual (onde estamos) e o futuro almejado (aonde queremos chegar). Essa é uma seção importante da matriz do roadmapping, já que as ações de

curto e médio prazo são determinadas a partir das decisões tomadas para esse período. Caso tal análise não esteja consistente com as possibilidades disponíveis ou não seja capaz de levar ao futuro almejado, a organização pode encontrar dificuldades na execução do caminho estratégico e não atingir seus objetivos.

A seguir, as perguntas relacionadas com as camadas:

- **Por quê?** Identifica as oportunidades e ameaças do ambiente externo e as forças e fraquezas do ambiente interno da organização. Por exemplo, na estratégia "puxada pelo mercado", as respostas são obtidas a partir da análise dos objetivos do negócio e das necessidades dos mercados, tais como: maior presença internacional, aumento da sustentabilidade do modelo do negócio e acesso a novos canais de comercialização.
- **O quê?** Define as características dos produtos e serviços que devem ser oferecidos, tanto no presente como no futuro. Suas respostas dependem do tipo de negócio e podem incluir a entrega de serviços complementares, que podem agregar valor aos produtos, e a adaptação dos produtos existentes para novos mercados.
- **Como?** Define como desenvolver e entregar os produtos e serviços planejados. Por exemplo, na estratégia "puxada pelo mercado", essa pergunta considera diferentes tecnologias e recursos existentes ou que ainda precisam ser adquiridos. Novos materiais ecologicamente sustentáveis, novas competências para a prestação de serviços ou novos recursos para iniciar a operação em novos mercados são alguns exemplos de respostas.

4. A linguagem visual dos roadmaps

O roadmapping apoia o trabalho colaborativo e a agregação de valor, mostra os caminhos para ações conjuntas entre as áreas organizacionais e contribui para a fácil comunicação dos resultados obtidos.[1] Para que esses benefícios sejam aproveitados, além de sua arquitetura, outras características gráficas do roadmap também devem ser exploradas.

O roadmap é uma ferramenta que demanda uma linguagem visual associada, a qual deve ser assimilada por todos os envolvidos, independentemente da sua formação e área de atuação. Ele oferece um mecanismo comum para a comunicação das dificuldades e das oportunidades do negócio e ajuda no desenvolvimento de soluções unificadas para a organização. Assim, a interpretação correta da mensagem transmitida por meio do roadmap é essencial, tanto para a definição dos caminhos estratégicos, quanto para a posterior divulgação desses caminhos para aqueles que devem segui-lo.

Vários componentes relacionados com o estilo gráfico do roadmap são usados para complementar sua arquitetura e determinar sua linguagem visual. Esses componentes são principalmente as formas e cores dos elementos usados no preenchimento do roadmap e os atributos (símbolos, tamanhos, cores, expressões etc.) utilizados na apresentação das informações (Figura 7).

FIGURA 7 A linguagem visual de um roadmap

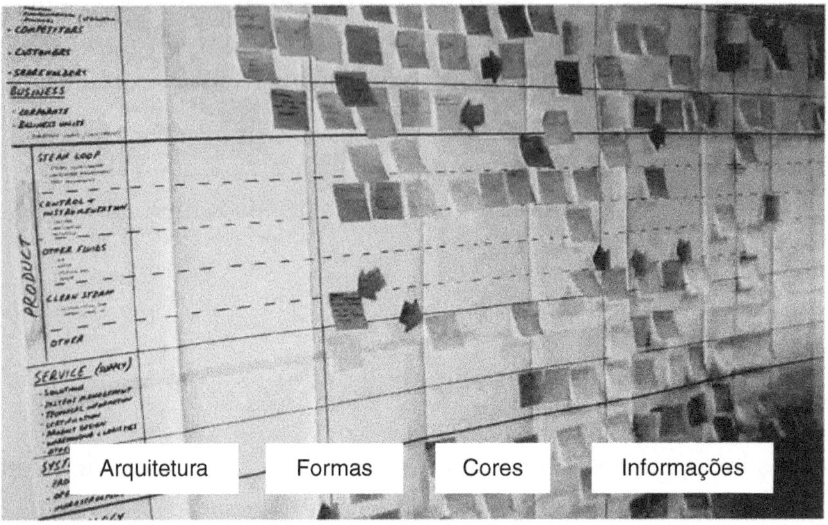

Não existe uma única maneira de apresentar esses componentes tendo em vista a criação de uma melhor linguagem visual. O mais importante é que a linguagem adotada seja capaz de apoiar o processo de desenvolvimento e a divulgação dos resultados de acordo com as necessidades de cada organização. A escolha da linguagem visual faz parte da preparação de um processo de roadmapping. No segundo capítulo deste livro, onde os processos de roadmapping são apresentados com mais detalhes, as particularidades da linguagem visual dos roadmaps são retomadas.

5. Os tipos de aplicação do roadmapping

A utilização do roadmapping cresceu rapidamente nas últimas décadas, fato que comprova sua ampla aceitação nas organizações. O primeiro registro oficial de seu uso encontra-se em um artigo científico publicado em 1987[4] que descreve um trabalho desenvolvido pela Motorola para fundamentar o planejamento dos seus novos produtos e tecnologias. Esse trabalho foi batizado como *Technology Roadmap* e passou a ser referenciado pela sigla TRM.

Novos trabalhos esporádicos surgiram na década de 1990, com destaque para os roadmappings realizados pela indústria de semicondutores,* pelo Laboratório de Pesquisa SANDIA,** pela rede de indústrias americanas MATI*** e pela associação europeia EIRMA.**** Esses trabalhos tornaram-se referências importantes para a propagação do roadmapping. Porém, o crescimento acentuado da abordagem aconteceu somente

---

* ITRS (*International Technology Roadmap for Semiconductors*). Roadmap Internacional de Tecnologias para Semicondutores. http://www.itrs.net/home.html
** SANDIA. Laboratório de pesquisas dos Estados Unidos. http://www.sandia.gov/
*** MATI (*Management of Accelerated Technology Innovation*). Rede de empresas fundada e coordenada pela *Kellogg School of Management, Northwestern University* em Chicago, nos Estados Unidos. http://www.kellogg.northwestern.edu/
**** EIRMA (European Industrial Research Management Association). Associação Industrial Europeia de Pesquisas Gerenciais. http://www.eirma.org/

a partir de 2000, quando surgiram trabalhos como o T-Plan,[5] que contribuíram para sua popularização.

Atualmente, o roadmapping tem sido aplicado em diferentes contextos, com vários objetivos, mas sempre com o intuito de suprir a necessidade que as organizações têm de planejar e gerenciar os cenários futuros acerca da inovação. Consequentemente, ele promove a proatividade na busca de novas oportunidades e na solução dos desafios futuros. Sua aplicação também tem auxiliado as organizações no planejamento estratégico e no planejamento da inovação, tanto para o levantamento e entendimento dos fatores envolvidos como para a definição das estratégias, objetivos e ações. Alguns dos benefícios relatados pelas organizações que utilizam o roadmapping são:

- Alinhamento entre a estratégia comercial e a tecnológica, de forma a viabilizar a integração de novas tecnologias ao negócio da empresa.
- Identificação de novas oportunidades de negócios, que permitam explorar os recursos, tecnologias e produtos para a criação de inovações.
- Facilidade de comunicação e de colaboração entre áreas da organização e entre organizações, motivada pela consolidação de objetivos únicos.
- Definição de estratégias e objetivos comuns entre diferentes organizações, tendo em vista o crescimento coordenado e conjunto dos participantes de um setor industrial.
- Melhoria no processo de tomada de decisão, devido ao acesso a uma maior quantidade de informações apresentadas de modo simples, visual e sistemático.

Existem variações na forma como o roadmapping é aplicado. Dois critérios importantes para explicar essas variações são o "escopo" da aplicação, que classifica se a mesma ocorre dentro de uma única organização ou envolve diversas organizações, e a "motivação", que classifica se a aplicação surge a partir da necessidade de exploração estratégica de um assunto ou a partir da necessidade de definição de ações para alcançar objetivos preestabelecidos (para mais informações sobre os tipos de roadmapping, consultar os trabalhos de Kostoff e Schaller,[6] Kappel[7] e Beeton[8]).

O critério do **escopo** da aplicação define a unidade de análise que será considerada no processo de roadmapping e a quantidade de pessoas envolvidas. Por outro lado, o critério **motivação** da aplicação determina características do processo de desenvolvimento, tais como: a forma de condução das atividades, o tempo de desenvolvimento, o nível de precisão esperado das informações e a forma de comunicação dos resultados.

Como tem maior impacto no processo e no resultado do roadmapping, o critério "motivação" da aplicação é usado como referência na explicação dos tipos de roadmapping ao longo deste livro. Dois tipos de roadmapping podem ser definidos a partir deste critério, como indicado na Figura 8:

FIGURA 8 Os dois tipos de aplicação do roadmapping em função do critério "motivação" da aplicação

Os **roadmappings para a definição de estratégias de inovação** são usados para descrever as tendências e necessidades do ambiente de inovação no nível setorial (multiorganizacional), corporativo ou de unidades de negócios, e para definir objetivos estratégicos, metas de inovação e ações (nível estratégico e tático) comuns para todos os envolvidos no contexto em análise. Além disso, esse tipo de roadmapping é organizado em função dos mercados, produtos e tecnologias que determinam as oportunidades e necessidades relacionadas com o aumento e a manutenção da competitividade dos envolvidos.

Os **roadmappings para o planejamento de produtos e tecnologias** são utilizados na definição de objetivos, metas e ações mais específicas (nível tático e operacional), relacionados com o desenvolvimento de novos produtos e tecnologias. Assim, esse tipo é usado para estabelecer requisitos de desempenho técnico e necessidades de posicionamento comercial compatíveis com os objetivos estratégicos do negócio e da corporação, com as necessidades de mercado e com as limitações de tempo e recursos. Os roadmappings desse tipo são mais aplicados no nível de negócio, não sendo diretamente indicados para contextos multiorganizacionais.

A principal diferença entre o roadmapping para a definição de estratégias de inovação e o roadmapping para o planejamento de produtos e tecnologias é a abrangência adotada e o nível de detalhamento praticado no preenchimento das informações. No roadmapping para definição de estratégias, procura-se envolver o portfólio completo de iniciativas relacionadas com a inovação e têm-se como resultado objetivos, metas e ações estratégicas gerais. Por sua vez, no roadmapping de planejamento de produtos e tecnologias, são consideradas linhas de produto ou plataformas tecnológicas específicas e os resultados mostram objetivos, metas e ações táticas, e até mesmo operacionais, para guiar os projetos de desenvolvimento do processo de inovação.

Os dois tipos de aplicação do roadmapping descritos nos parágrafos anteriores são utilizados nas organizações como parte dos processos de inovação e de planejamento estratégico. Assim, faz-se necessária a contextualização do roadmapping nesses dois processos de negócio.

6. Integração do roadmapping nos processos de negócio

O roadmapping está primariamente relacionado com os processos de planejamento estratégico e de inovação. Seu posicionamento nesses dois processos de negócio depende dos interesses da organização e do tipo de roadmapping escolhido para aplicação. Porém, é esperado que os roadmappings para a definição de estratégias de inovação estejam ligados ao planejamento estratégico e que os roadmappings para o planejamento de produtos e tecnologias estejam ligados ao processo de inovação, conforme ilustrado na Figura 9.

FIGURA 9 Posicionamento dos dois tipos de aplicação do roadmapping em função do processo de planejamento estratégico e do processo de inovação

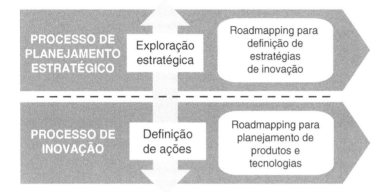

6.1. O roadmapping no planejamento estratégico

O processo de planejamento estratégico compreende atividades como avaliação do ambiente competitivo, definição de objetivos e metas, posicionamento na cadeia de valor, elaboração do modelo de negócio, entre outras.[9-11] De forma geral, podem ser identificadas três atividades fundamentais para o desenvolvimento e a implementação de estratégias: análise estratégica (ambientes interno e externo), formulação estratégica e implementação estratégica,[12] conforme mostrado na Figura 10.

Na análise estratégica, que envolve a análise dos ambientes interno e externo, é esclarecida a posição atual da organização (sua missão e seus objetivos), o ambiente competitivo (oportunidades e ameaças) e os recursos disponíveis (forças e fraquezas). Na formulação estratégica ocorre a geração e avaliação das opções estratégicas existentes e a escolha das opções

FIGURA 10 Atividades fundamentais do processo de planejamento estratégico

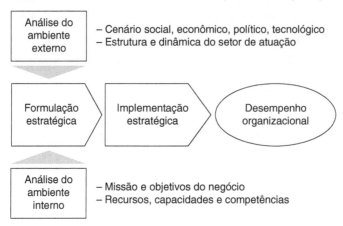

que irão formar a estratégia da organização. A implementação estratégica representa a aplicação e o desdobramento das estratégias nas operações, juntamente com a realização das mudanças necessárias para atender à nova estratégia, as quais podem envolver adaptações na estrutura e na cultura organizacional.

O roadmapping pode contribuir com as três atividades fundamentais do planejamento estratégico. Ele consegue apoiar o entendimento da situação atual, pois descreve os principais assuntos estratégicos de forma organizada no roadmap, e facilita a integração e análise das opções estratégicas, já que cria meios para a escolha do melhor caminho estratégico. Finalmente, ele também ajuda na comunicação dos objetivos estratégicos por meio da sua característica visual, a qual promove a síntese e o desdobramento das estratégias na organização.

O roadmapping que é do tipo para definição de estratégias de inovação atua na parte da estratégia organizacional correspondente às estratégias de inovação.[13,14] Assim, ele concentra-se em assuntos diretamente relacionados com a inovação, como mercados, tecnologias e produtos, mas também considera outros tópicos organizacionais importantes, como fornecedores e parceiros.

O Sistema de Informações Estratégicas em Tecnologias Energéticas (*Strategic Energy Technologies Information System* – SETIS),* que é parte da Comissão Europeia (*European Comission*), possui exemplos de utilização do roadmapping no planejamento estratégico. O SETIS tem desenvolvido roadmaps relacionados com as necessidades europeias acerca do uso de energias limpas e renováveis, tais como a energia solar, a bioenergia e a energia eólica. Nesses roadmaps, são descritos objetivos, metas e ações para o crescimento do uso dessas tecnologias, que foram concebidas a partir de diretrizes industriais e de mercado.

Por exemplo, no roadmap para a energia eólica,** que é mostrado na Figura 11, são consideradas quatro áreas de desenvolvimento: novas turbinas e componentes; estruturas marítimas; integração de redes; recurso, avaliação e planejamento de espaço. Em cada uma dessas áreas são indicadas ações e entregas (caixas em negrito) a serem executadas entre 2010 e 2020, e seus resultados.

Outros exemplos de roadmaps com estratégias de inovação são os desenvolvidos pelas seguintes organizações e governos:

- International Technology Roadmap for Semiconductors (ITRS)***
- Industry Canada Roadmaps****
- Ministry of Economy, Trade and Industry (METI) Strategic Roadmaps*****

---

* Site SETIS – http://setis.ec.europa.eu/
** Site com informações sobre o roadmap da energia eólica do SETIS – http://setis.ec.europa.eu/about-setis/technology-roadmap/european-industrial-initiative-on-wind-energy-1
*** Site ITRS: www.itrs.net
**** Site Industry Canada: http://www.ic.gc.ca/eic/site/trm-crt.nsf/eng/Home
***** Site METI: http://www.meti.go.jp/english/press/data/20100614_02.html

FIGURA 11 Roadmap do SETIS para a energia eólica

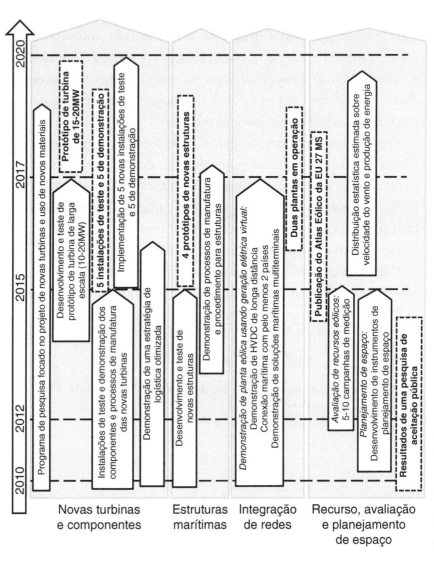

Fonte: Adaptação do site SETIS.

6.2. O roadmapping no processo de inovação

O processo de inovação é um conjunto de atividades que envolve a identificação de oportunidades, a geração de ideias e conceitos, o desenvolvimento de novas tecnologias e produtos e o lançamento de novos produtos no mercado.[15,16] Mesmo integrados em torno do objetivo de proporcionar a inovação, o desenvolvimento de tecnologias e produtos possuem abordagens distintas e, portanto, são considerados separadamente neste livro.

O desenvolvimento de tecnologias possui um caráter exploratório, dinâmico, cercado por incertezas e marcado por longos prazos, especialmente quando as inovações envolvem grandes mudanças em relação às tecnologias usadas anteriormente. Na Figura 12 é ilustrado um exemplo de processo de desenvolvimento de tecnologias. Nesse processo, dividido em fases e *gates*,* podem ser notadas três fases principais de desenvolvimento: definição de escopo do projeto, avaliação técnica e pesquisa detalhada.[17]

FIGURA 12 Processo de desenvolvimento de tecnologias

A definição do escopo determina os fundamentos e fronteiras do projeto e planeja os próximos passos; a avaliação técnica inicia o trabalho de desenvolvimento e demonstra a capacidade de execução técnica do projeto em condições reais; e a pesquisa detalhada faz o desenvolvimento completo da tecnologia, provando sua capacidade e definindo seu escopo

---

* *Gates* são pontos de decisão, quando acontecem a avaliação dos resultados obtidos e a tomada de decisão sobre o avanço, correção ou cancelamento do projeto de desenvolvimento. Esse conceito gerencial é amplamente usado para aumentar o controle sobre os projetos e garantir que eles alcancem seus objetivos iniciais.

e valor para a organização. Nessa última fase, as potenciais aplicações dos resultados obtidos também são encontradas.

Por sua vez, o desenvolvimento de produtos é o grande utilizador das tecnologias desenvolvidas pela organização ou incorporadas de fontes externas. Esse é um processo criativo também marcado por incertezas, principalmente em relação ao mercado, já que as incertezas tecnológicas foram minimizadas durante o desenvolvimento tecnológico. Contudo, no desenvolvimento de produtos inovadores é comum ainda existirem muitas incertezas tecnológicas, pois o desenvolvimento das tecnologias pode acontecer quase simultaneamente com o do produto, a fim de reduzir seu tempo de lançamento no mercado. Os prazos de desenvolvimento de novos produtos são normalmente menores que os de tecnologias, sobretudo quando esses são classificados como melhorias incrementais dos produtos já existentes.

Um exemplo de processo de desenvolvimento de produtos é apresentado na Figura 13. Ele segue conceitos similares ao processo apresentado para o desenvolvimento de tecnologias (fase e *gate*) e tem seis fases:[18]

FIGURA 13 Processo de desenvolvimento de produtos

- Descoberta: envolve o trabalho inicial de identificação de oportunidades e ideias para novos produtos.
- Pesquisa preliminar: envolve o desenvolvimento de pesquisas técnicas e de mercado simples e rápidas com o intuito de averiguar o potencial das oportunidades e a aplicabilidade das ideias.
- Definição do caso de negócio: envolve a pesquisa detalhada dos aspectos técnicos e mercadológicos envolvidos na ideia do produto. A partir dos resultados obtidos é definida uma proposta de produto (conceito de produto) e de projeto para seu desenvolvimento, a qual pode incluir um plano inicial de desenvolvimento.

- Desenvolvimento: envolve o desenvolvimento do projeto do produto definido na fase anterior e tem como resultado as especificações técnicas do produto e dos processos de produção. Nessa fase também ocorre o desenvolvimento das outras operações necessárias para o lançamento do produto, como a assistência técnica.
- Testes e validação: envolve a verificação do produto e dos processos finais por meio de validação no mercado e em laboratório. Protótipos são utilizados para a realização dos testes e as premissas iniciais de retorno financeiro são revisadas, visto que se consegue ter uma melhor visão da competitividade do produto e da potencial resposta do mercado.
- Lançamento: envolve o início das operações de produção e de vendas do produto. Após o lançamento é feito um acompanhamento do produto no mercado para monitorar seu desempenho em termos técnicos e financeiros.

No contexto do processo de inovação, o roadmapping atua nas atividades de planejamento e de gestão do portfólio de produtos e tecnologias. Ele é utilizado para a elaboração de uma visão integrada que define como os produtos e tecnologias existentes devem evoluir, e como e quando serão substituídos por novos produtos, os quais incorporarão novas tecnologias e apresentarão novas propostas de valor para o mercado.

Assim, o roadmapping tem maior potencial para contribuir com as fases iniciais do processo de inovação, que ocorrem antes do início do desenvolvimento dos projetos de tecnologia ou produto. Essas correspondem à fase de definição do escopo no processo de desenvolvimento de tecnologia e às fases de descoberta, pesquisa preliminar e definição do caso de negócio no processo de desenvolvimento de produtos.

Os roadmappings que são do tipo para planejamento de produtos e tecnologias atuam principalmente nas linhas de produtos e plataformas tecnológicas, pois conseguem estabelecer objetivos e metas de desempenho para produtos e tecnologias inter-relacionados tanto técnica quanto comercialmente. Ao final, os roadmaps criados servem como referência para as equipes de desenvolvimento durante as fases iniciais do processo de inovação, facilitando a proposição dos novos produtos e o entendimento da disponibilidade tecnológica.

No roadmap mostrado na Figura 14 é possível notar as principais características de um resultado criado com o roadmapping para o planejamento de produtos e tecnologias. Esse roadmap, que segue os mesmos conceitos do roadmap desenvolvido pela Motorola,[4] ilustra um plano para guiar o desenvolvimento de novas tecnologias e produtos em uma linha de bicicletas. Nele, as principais partes/componentes da linha de produto, indicadas no lado esquerdo, são alinhadas com um planejamento de soluções tecnológicas ao longo do tempo. Na base do roadmap existe uma descrição do planejamento das novas versões de produtos, por meio da qual pode ser visto quando as novas soluções tecnológicas pretendem ser incorporadas nos produtos.

FIGURA 14 Exemplo de roadmap usado para o planejamento de produtos e tecnologias

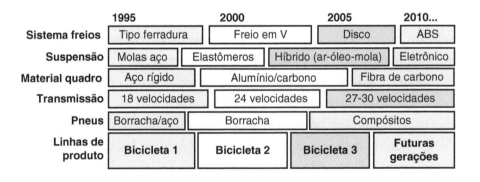

7. Resumo do capítulo

Neste capítulo foram apresentados os principais conhecimentos necessários para se entender o que é o roadmapping, quais são suas principais características, quais são seus dois principais tipos de aplicação e como eles se relacionam com os processos de estratégia e inovação das organizações.

Primeiramente, definiu-se o roadmapping como uma abordagem utilizada para o mapeamento e definição das estratégias, objetivos e ações de inovação em organizações ou no negócio. Em seguida, foi descrito o modo como ele integra as perspectivas encontradas nas diferentes áreas organizacionais e representa um sistema complexo de fatores relacionados à inovação por meio de um mapa denominado roadmap.

Então, foi apresentada a matriz do roadmapping, que delimita um roadmap por meio das perguntas: "por quê?", "o quê" e "como?" nas camadas, e das perguntas: "onde estamos?", "como chegaremos?" e "aonde queremos chegar?" na linha do tempo. Essa arquitetura, formada pelas camadas e linha do tempo, é uma das características que formam a linguagem visual do roadmap, a qual inclui também o estilo gráfico, ou seja, as formas, cores e atributos das informações apresentadas no mapa.

Por fim, o roadmapping é posicionado em relação a seus dois principais tipos de aplicação nas organizações: para a definição de estratégias de inovação e para o planejamento de produtos e tecnologias. Esses dois tipos foram explicados em relação às suas características e ao modo como interagem com os processos de planejamento estratégico e de inovação.

8. Referências

[1] PHAAL, R.; FARRUKH, C.J.P.; PROBERT, D.R. "Visualising Strategy: A Classification Of Graphical Roadmap Forms". *International Journal of Technology Management*, v. 47, n. 4, p. 286-305, 2009.

[2] PHAAL, R.; FARRUKH, C.J.P.; PROBERT, D.R. "Customizing Roadmapping". *Research Technology Management*, v. 47, n. 2, p. 26-37, 2004.

[3] PHAAL, R.; FARRUKH, C.J.P.; PROBERT, D.R. "Technology Roadmapping: a Planning Framework for Evolution and Revolution". *Technological Forecasting and Social Change*, v. 71, n. 1-2, p. 5–26, 2004.

[4] WILLYARD, C.H.; MCCLEES, C.W. "Motorola's Technology Roadmap Process". *Research Management*, v. 30, n. 5, p. 13-19, 1987.

[5] PHAAL, R.; FARRUKH, C.J.P.; PROBERT, D.R. *T-Plan: Fast Start to Technology Roadmapping: Planning Your Route to Success*. Londres: University of Cambridge, 2001.

[6] KOSTOFF, R.N.; SCHALLER, R.R. "Science and Technology Roadmaps". *IEEE Transactions on Engineering Management*, v. 48, n. 2, p. 132-143, 2001.

[7] KAPPEL, T.A. "Perspectives on Roadmaps: How Organizations Talk About the Future". *Journal of Product Innovation Management*, v. 18, n. 1, p. 39-50, 2001.

[8] BEETON, D.A. "Exploratory Roadmapping for Sector Foresight". Tese de doutorado. University of Cambridge, 2007.

[9] PORTER, M.E. *Competitive Strategy: Techniques for Analysing Industries and Competitors*. Nova York: Free Press, 1980.

[10] PORTER, M.E. "The Five Competitive Forces That Shape Strategy". *Harvard Business Review*, January, p. 78-94, 2008.

[11] MINTZBERG, H.; AHLSTRAND, B.; LAMPEL, J. *Strategy Safari: a Guided Tour Through the Wilds of Strategy Management*. Nova York: The Free Press, 1998.

[12] JOHNSON, G.; SCHOLES, K.; WHITTINGTON, R. *Exploring Corporate Strategy: Text and Cases*. 5th ed. Essex: Prentice Hall Financial Times, 2008.

[13] COOPER, R.G.; EDGETT, S.J. "Product Innovation and Technology Strategy". United States: Product Development Institute Inc., 2009.

[14] MCGRATH, M.E. *Product Strategy for High Technology Companies: Accelerating Your Business to Web Speed*. Nova York: McGraw-Hill, 2001.

[15] TIDD, J.; BESSANT, J.; PAVITT, K. *Managing Innovation: Integrating Technological, Market and Organizational Change*. 3rd ed. Chichester: Wiley, 2005.

[16] TROTT, P. *Innovation Management and New Product Development*. 3rd ed. New Jersey: Financial Times Prentice Hall, 2005.

[17] COOPER, R.G. "Managing Technology Development Projects". *Research Technology Management*, v. 49, n. 6, p. 23-31, 2006.

[18] COOPER, R.G. *Winning at New Products: Accelerating the Process from Idea to Launch*. 3rd ed. Massachusetts: Perseus, 2001.

CAPÍTULO 2

O processo de roadmapping

Este capítulo apresenta informações sobre o processo de roadmapping. Aqui são descritos seus principais elementos, as melhores práticas para sua aplicação e exemplos clássicos de processo. Com isso, os interessados em usar o roadmapping poderão compreender de forma efetiva as características do seu processo.

1. Os elementos dos processos de roadmapping

O sucesso da aplicação do roadmapping depende do seu processo de desenvolvimento. Um processo consiste em um conjunto de atividades, que são guiadas por diretrizes (políticas, normas e regras), e transformam informações em um resultado de valor para uma ou mais partes interessadas (organização, clientes, parceiros), por meio da utilização de recursos humanos e físicos.[1,2] Todos esses elementos são encontrados nos processos de roadmapping e, quando analisados separadamente, contribuem para uma melhor compreensão dos objetivos e características da abordagem.

Os processos de roadmapping podem ser descritos por meio de seis elementos: conjunto de atividades, informações, recursos humanos e físicos, diretrizes do processo, resultados e partes interessadas.* O conjunto de atividades é a peça central que interliga os elementos de entrada do processo (as informações, os recursos humanos e físicos e as diretrizes) com o elemento de saída (os resultados). O elemento de fundo inclui as partes interessadas, pois são elas que delimitam o contexto de aplicação do roadmapping, conforme ilustrado na Figura 1.

No decorrer desta seção, os processos de roadmapping são explicados em função desses seis elementos. Apesar de serem apresentados separadamente neste capítulo, deve-se lembrar que os elementos estão sempre relacionados e integrados durante a execução dos processos de roadmapping.

---

* A expressão **partes interessadas** vem do inglês *stakeholders* e refere-se ao conjunto de pessoas e/ou organizações que possuem algum tipo de interesse, direto ou indireto, nos resultados do processo.

FIGURA 1 Os seis elementos dos processos de roadmapping

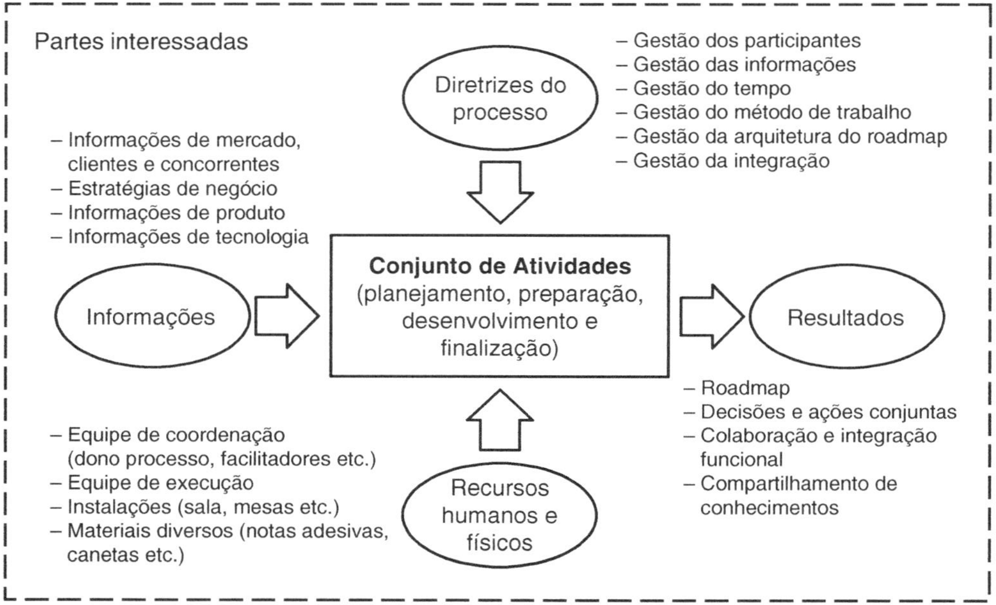

Partes interessadas

– Informações de mercado, clientes e concorrentes
– Estratégias de negócio
– Informações de produto
– Informações de tecnologia

Diretrizes do processo

– Gestão dos participantes
– Gestão das informações
– Gestão do tempo
– Gestão do método de trabalho
– Gestão da arquitetura do roadmap
– Gestão da integração

Informações

Conjunto de Atividades
(planejamento, preparação, desenvolvimento e finalização)

Recursos humanos e físicos

– Equipe de coordenação (dono processo, facilitadores etc.)
– Equipe de execução
– Instalações (sala, mesas etc.)
– Materiais diversos (notas adesivas, canetas etc.)

Resultados

– Roadmap
– Decisões e ações conjuntas
– Colaboração e integração funcional
– Compartilhamento de conhecimentos

1.1. Conjunto de atividades

As atividades dos processos de roadmapping podem ser divididas, de forma ampla, em quatro fases: planejamento, preparação, desenvolvimento e finalização, como mostrado na Figura 2. Cada fase incorpora todos os demais elementos mencionados (informações, recursos, diretrizes, resultados e partes interessadas). Além disso, os processos de roadmapping têm uma característica cíclica que permite a melhoria dos seus resultados a cada nova aplicação, a qual é representada na Figura 2 pela seta tracejada.

FIGURA 2 Fases dos processos de roadmapping

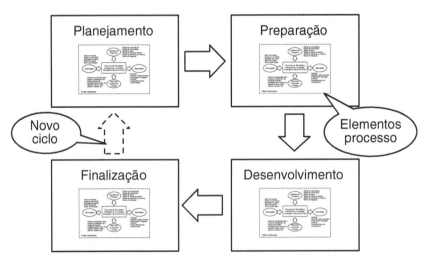

O interesse pela aplicação do roadmapping surge a partir de uma oportunidade ou necessidade identificada na organização. Por exemplo: a necessidade de definir a evolução de uma linha de produto, pois suas versões existentes não são mais competitivas; a oportunidade de aprimorar o processo de produção com a utilização de uma nova tecnologia; ou então, a necessidade de reformular a estratégia de inovação do negócio para viabilizar o alinhamento com uma nova estratégia corporativa.

A oportunidade ou necessidade é o ponto de partida para a fase de planejamento do roadmapping, pois servirá como base para a definição dos objetivos e da unidade de análise do processo. Se esses dois não forem consistentes com a oportunidade ou necessidade que deu origem à aplicação do roadmapping, os resultados obtidos serão de pouca utilidade.

Na fase de planejamento, deve ser escolhido o responsável pela aplicação do roadmapping (denominado "dono do processo"), deve ser criada a equipe de coordenação e devem ser identificadas as partes interessadas. O dono do processo pode ser uma pessoa ou um grupo de pessoas – por exemplo, a própria equipe de coordenação – e é o responsável pelo resultado do processo como um todo. A equipe de coordenação cuida da condução do processo e pode envolver facilitadores (outras informações sobre as pessoas que participam do processo são apresentadas nas seções 1.3 e 1.5).

Além dos pontos destacados no parágrafo anterior, na fase de planejamento também devem ser respondidas as seguintes questões:

- Quais dúvidas e problemas devem ser considerados?
- Quais devem ser o escopo e os limites da unidade de análise (produto, negócio, organização ou setor)?
- Quais são os assuntos mais importantes e interessantes a serem discutidos?
- O que já é de conhecimento sobre os assuntos escolhidos?
- Quais outros processos e métodos devem ser usados?
- Como os assuntos analisados devem ser organizados?
- Os resultados vislumbrados atendem aos objetivos do roadmapping?

A fase de planejamento é encerrada com a realização de uma estimativa do tempo e dos recursos humanos e físicos necessários até o fim da aplicação do roadmapping. Essa estimativa é refinada e confirmada na próxima fase do processo, a fase de preparação.

Na fase de preparação, a equipe de coordenação reúne-se para detalhar as atividades que devem ser realizadas, como elas serão feitas, quem fará parte da equipe de execução, quais informações serão necessárias e qual arquitetura de roadmap é a mais apropriada para os objetivos e a unidade de análise. Em outras palavras, nessa etapa são definidos (ou redefinidos, caso já existam) as informações, os recursos, as diretrizes do processo e os resultados esperados.

Quando a organização já possui experiência no uso do roadmapping para a unidade de análise escolhida, a fase de preparação pode ser feita rapidamente ou em paralelo com a fase de planejamento. No entanto, nos casos em que o roadmapping e a unidade de análise são novos para a organização, a equipe de coordenação tem a opção de realizar uma sessão para testar a aplicação da abordagem. Assim, ela consegue notar as possibilidades e restrições existentes e também avaliar as adequações feitas no processo inicial.

Dessa sessão de teste participam apenas o dono do processo, a equipe de coordenação e as partes interessadas que forem consideradas críticas para o sucesso da iniciativa. Dependendo dos resultados obtidos, o dono do processo pode postergar o início do roadmapping e aproveitar para preparar melhor as pessoas e para pesquisar as informações que serão necessárias as próximas etapas do processo. Terminada a fase de preparação, iniciam-se as atividades da fase de desenvolvimento do roadmapping.

Na fase de desenvolvimento, a equipe de execução é reunida para a construção do roadmap. É nesse momento que os elementos de entrada – informações, recursos e diretrizes – são utilizados. O principal desafio nessa fase é gerenciar de modo efetivo as diferentes atividades e garantir que o resultado alcançado esteja de acordo com o objetivo inicial.

Normalmente, as pessoas que fazem parte da equipe de execução são muito ocupadas e dominam conhecimentos e competências de grande valor para a organização. Por tal motivo, as diretrizes de condução dos trabalhos dessa equipe são essenciais para o sucesso do roadmapping. São elas que criam um ambiente propício para o trabalho colaborativo e para o compartilhamento de conhecimentos (mais informações sobre as diretrizes de processo são apresentadas na seção 1.4).

Na fase de finalização, os resultados da fase de desenvolvimento são compilados e disponibilizados em um formato compreensível para as partes interessadas. Sem essa fase, todo o esforço investido no roadmapping pode ser em vão, pois as decisões tomadas não trarão mudanças nem benefícios para a organização. Além disso, se os resultados não forem compilados, a equipe de coordenação pode enfrentar dificuldades para reaproveitar os resultados em um próximo ciclo do processo. Tal fato pode impedir a melhoria do roadmapping.

Outro ponto importante nessa fase é a avaliação de qual é a melhor forma para comunicar os resultados obtidos às partes interessadas. Essa comunicação não é algo simples, pois podem existir informações confidenciais. Uma alternativa é ter diferentes versões de relatório e de roadmap para os diferentes públicos que terão acesso às informações. As diretrizes do processo, que envolvem a integração dos resultados do roadmapping na organização, devem atentar para tais necessidades de comunicação.

1.2. Informações

As informações são parte das entradas que devem estar disponíveis para a realização do processo de roadmapping. Porém, encontrá-las e colocá-las à disposição da equipe de execução é uma tarefa difícil. É comum faltarem informações críticas para a tomada de decisão, principalmente quando envolvem projeções sobre o futuro ou estão relacionadas a áreas desconhecidas pela organização.

As informações precisam trazer conhecimentos relevantes sobre a unidade de análise. Por exemplo, quando se deseja planejar o desenvolvimento de novas tecnologias e de competências importantes para o futuro competitivo do negócio, algumas informações necessárias logo no início do roadmapping são: quais tecnologias e competências a organização possui; quais tecnologias e competências os concorrentes possuem; quais tecnologias e competências estão se tornando essenciais para a manutenção da competitividade do negócio; e quais provavelmente serão importantes no futuro.

Nos casos em que as informações são poucas e a organização desconhece quais outras informações deveria saber para aplicar o roadmapping, o próprio roadmapping pode ser usado como uma ferramenta de diagnóstico. Isto é, ele pode ser usado para identificar os problemas existentes e as informações que precisariam ser conhecidas. As sessões de teste, que foram praticadas na fase de preparação do processo, também contribuem com o diagnóstico dos problemas e informações.

De modo geral, as informações necessárias no processo de roadmapping são determinadas pela arquitetura do roadmap. Para uma arquitetura comum de roadmap de inovação, formada pelas camadas de mercados/negócios, produtos/serviços e tecnologias/recursos, é interessante dispor, entre outras, das seguintes informações:

- Panorama da situação atual do negócio em cada uma das camadas.
- Descrição dos objetivos estratégicos do negócio e organização.
- Situação atual e provável situação futura dos mercados, das necessidades dos clientes e do posicionamento competitivo dos concorrentes.
- Situação atual das plataformas e do portfólio de tecnologias e produtos do negócio e da organização.
- Previsão das novas tecnologias potencialmente importantes no futuro.

Essas informações são em sua maioria trazidas para o processo de roadmapping pela equipe de execução, durante a fase de desenvolvimento. Por isso, a escolha das pessoas que formam essa equipe deve considerar suas áreas de atuação e as informações que cada uma pode trazer para o processo.

Uma das atividades da fase de preparação do processo é preparar a notificação sobre as informações que as pessoas convidadas devem trazer. Quando roadmaps anteriores estão disponíveis, esses certamente devem ser usados como referência para a identificação das informações necessárias para a inicialização e execução do processo. A equipe de coordenação é a responsável por encontrar e recuperar o conteúdo desses roadmaps.

1.3. Recursos humanos e físicos

Esse elemento contempla os recursos que devem ser fornecidos pela organização para o desenvolvimento do roadmapping. O recurso principal é o humano, pois ele é o responsável por trazer, analisar e consolidar as informações e também por tomar as decisões durante o processo. O recurso físico também tem uma função importante, já que caracteriza o ambiente de trabalho onde as atividades são realizadas e, portanto, pode influenciar na colaboração e produtividade da equipe de execução.

Os recursos humanos incluem a equipe de coordenação, que abrange o dono do processo e os facilitadores, e a equipe de execução, que é formada pelas pessoas envolvidas na fase de desenvolvimento do roadmapping.

O dono do processo é o maior interessado no resultado do roadmapping e o grande incentivador da sua realização. É de sua responsabilidade conseguir o comprometimento das pessoas. Assim, quando ele possui uma posição de destaque na organização (diretor, gerente sênior etc.), consegue-se mais facilmente o comprometimento dos envolvidos com a aplicação do roadmapping.

Os facilitadores são pessoas da própria organização ou pessoas externas com experiência na aplicação e na coordenação da abordagem de roadmapping. As competências dessas pessoas no direcionamento das equipes de coordenação e execução garantem uma maior conformidade dos resultados com a proposta inicialmente formulada e com o potencial da abordagem.

O modo de participação dos facilitadores pode variar. Eles podem ser a própria equipe de coordenação – nesse caso o dono do processo apenas define os objetivos da aplicação e depois delega sua execução – ou apenas orientar a equipe de coordenação quando surgirem dúvidas.

Porém, independentemente da intensidade da participação, os facilitadores sempre trazem benefícios para o roadmapping. Eles incorporam visões externas e imparciais ao processo e, portanto, podem evitar que a equipe de coordenação seja influenciada pela equipe de execução – algo comum quando ambas as equipes são da mesma organização.

A equipe de execução é formada pelas pessoas envolvidas na fase de desenvolvimento e foi escolhida pela equipe de coordenação nas fases de planejamento e de preparação. A seleção dessa equipe é uma tarefa essencial para o processo e está relacionada com os objetivos, a unidade de análise e os resultados esperados. O ideal é combinar pessoas com diferentes formações e de diferentes áreas da organização para a constituição de uma equipe de execução multifuncional.

Caso isso não seja possível, recomenda-se que a equipe de execução combine, pelo menos, representantes com visões técnicas (engenharia, pesquisa, manufatura etc.) e comerciais (vendas, marketing etc.). Essa característica contribui para o preenchimento das perspectivas representadas no roadmap e também para a tomada conjunta de decisões.

Nas organizações de pequeno porte, onde existem poucos recursos humanos disponíveis, a formação da equipe de coordenação e de execução tende a assumir características distintas. A equipe de coordenação é normalmente formada por um ou no máximo dois facilitadores, internos ou externos. O dono do processo, além de atuar na coordenação, também pode participar da equipe de execução, a qual será provavelmente formada por mais duas ou três pessoas importantes, tais como diretores, sócios ou investidores.

O tamanho da equipe de execução é uma característica que deve ser avaliada em função dos objetivos do roadmapping. Equipes pequenas (com até 10 pessoas) são mais facilmente gerenciadas em trabalho colaborativo do que equipes grandes (entre 10 e 30 pessoas). Contudo, equipes grandes conseguem trazer mais informações para a construção do roadmap.

Quando o objetivo do roadmapping é criar um panorama estratégico da situação competitiva da organização e das oportunidades existentes (objetivo exploratório), isto é, criar uma visão abrangente e superficial, equipes grandes costumam ser mais produtivas. Por outro lado, quando o objetivo é elaborar um plano mais detalhado ou tomar decisões específicas (objetivos conclusivos), a adoção de equipes pequenas é normalmente o caminho mais adequado. Inclusive, dependendo dos objetivos do roadmapping, podem ser estabelecidas equipes grandes em certos momentos do processo e equipes pequenas em outros, mesclando os benefícios de cada alternativa.

Os recursos físicos são representados pelas instalações e pelos materiais disponibilizados para o desenvolvimento das atividades colaborativas e das reuniões da equipe de coordenação. Esses têm de atender às necessidades do roadmapping, principalmente em relação ao ambiente onde são feitas as atividades da equipe de execução. Além disso, devido ao trabalho colaborativo e ao uso do roadmap, que é quase sempre um mapa com grandes dimensões (folhas A0 ou A1), o espaço precisa ser cuidadosamente planejado.

O espaço disponibilizado para a fixação dos roadmaps deve ser grande o suficiente para comportar a fixação de um ou mais roadmaps e para garantir que todos estejam no campo de visão dos participantes. Nas atividades em grupo, o uso de mesas e cadeiras de fácil movimentação e que permitam o posicionamento das pessoas em formas de U ou em círculos reduz o tempo de preparação do ambiente e apoia a participação de todos os membros da equipe.

Os intervalos de café também são uma parte relevante dos processos de roadmapping, pois motivam a discussão e o compartilhamento de informações entre os participantes. Assim, esses momentos não devem ser esquecidos nem devem ser muito curtos. É aconselhável o uso de um local próprio para esses intervalos, diferente do local onde as atividades são realizadas, pois as pessoas se desprendem das ideias em discussão e podem pensar em novas. Além disso, um local separado mantém a concentração da equipe durante as atividades.

Os materiais que podem ser necessários durante os trabalhos devem estar prontamente disponíveis, de forma a garantir que a equipe concentre-se apenas nas atividades planejadas para a fase de desenvolvimento. Esses materiais incluem documentos (planilha eletrônica, apresentação de slides etc.), modelos (tabela de priorização de projetos, proposta de projeto, lista de riscos potenciais etc.) e materiais de escritório (notas adesivas, lousa, lápis, fita adesiva etc.). A seguir é apresentada uma lista de materiais costumeiramente necessários em um processo de roadmapping:

- Notas adesivas (post-its®) de vários tamanhos, formatos e cores. As cores podem ser empregadas para objetivos específicos, como representar diferentes unidades de negócios. O principal motivo para a utilização de cores é facilitar a navegação no conteúdo dos roadmaps. Formas diferentes de notas adesivas, tais como setas, são úteis para destacar no mapa os pontos críticos e problemas detectados durante as atividades.
- Adesivos na forma de pontos. São úteis para os processos de votação. Por exemplo, são distribuídos adesivos para os participantes, que devem colá-los nas questões consideradas prioritárias segundo seu ponto de vista. Assim, as questões com maior quantidade de adesivos são destacadas no mapa. O uso de pontos com cores distintas também pode ser relevante para avaliar diferentes critérios, como retorno financeiro e riscos.
- Fitas adesivas. São necessárias para construir os roadmaps usando folhas avulsas e, também, para fixar as notas adesivas no fim do trabalho.
- Fitas especiais para colar os roadmaps nas paredes ou em qualquer outro tipo de suporte.
- Outros acessórios em geral, tais como: folhas em branco, tesouras e canetas para escrita em lousa branca ou *flip-chart*.

1.4. Diretrizes do processo

Esse elemento explicita como devem ser realizadas as fases do roadmapping, como devem ser formadas as equipes de coordenação e de execução, como essas equipes devem fazer suas atividades e interagir entre si e quais informações, materiais e recursos devem estar disponíveis. Portanto, ele estabelece as diretrizes que regem a integração entre os demais elementos dos processos de roadmapping.

As diretrizes dos processos de roadmapping foram organizadas em seis categorias, de forma a facilitar sua explicação: gestão dos participantes, gestão das informações, gestão do tempo, gestão do método de trabalho, gestão da arquitetura do roadmap e gestão da integração da abordagem nos processos de negócio.

A gestão dos participantes está relacionada com a definição das equipes de coordenação e de execução e com o acompanhamento do desempenho dessas equipes durante o processo. As diretrizes estabelecem, por exemplo, que é necessária a presença de pelo menos um diretor ou gerente sênior na equipe de coordenação; que é necessário ter a mesma quantidade de pessoas com perspectivas técnicas e comerciais na equipe de execução; ou que a participação de pessoas externas deverá seguir determinados procedimentos. Aspectos comportamentais, como empregar mecanismos capazes de deixar as pessoas mais confortáveis para a troca de experiências e conhecimentos, também fazem parte dessa categoria de diretrizes.

A gestão das informações relaciona-se com as práticas adotadas para a coleta, organização e disseminação das informações usadas ou criadas no roadmapping. Como as informações são consideradas o principal valor gerado pelo processo, é indispensável a adoção de diretrizes que garantam seu máximo aproveitamento. O uso de modelos de documentos e/ou apresentações a fim de padronizar as informações trazidas para as atividades pela equipe de execução é um exemplo de diretriz para a gestão das informações. Outro exemplo é a adoção de termos e símbolos facilmente entendidos por qualquer parte interessada nos resultados do roadmapping.

O formato seguido para a documentação final das informações ajuda no aproveitamento posterior dos resultados do processo. Pode ser criado, por exemplo, um relatório estruturado de acordo com a arquitetura do roadmap, que contenha os comentários da equipe de execução e as explicações sobre as principais decisões tomadas. Em alguns casos, as atividades podem ser filmadas para se ter um *backup* de tudo o que foi discutido. No entanto, o uso de gravações pode inibir a liberdade de participação das pessoas.

A gestão do tempo determina os períodos para a realização do roadmapping e de cada uma das suas fases. Embora alguns processos de roadmapping possam prescrever um tempo específico, não existe uma fórmula exata e ótima. Em outras palavras, cada caso de aplicação do roadmapping apresenta suas próprias necessidades de tempo. Porém, pelas características do roadmapping (workshops, melhoria contínua, envolvimento de pessoas com pouco tempo disponível etc.), sua realização costuma durar pouco tempo (dias ou, no máximo, semanas) e tem maior concentração na fase de desenvolvimento.

Deve-se também diferenciar entre o tempo investido nas atividades de desenvolvimento do roadmapping e o tempo total gasto para a finalização do processo. Isso porque, em muitos casos, a equipe de coordenação programa intervalos entre os workshops para buscar informações desconhecidas, preparar as próximas atividades e refletir sobre os assuntos discutidos.

A gestão do método de trabalho caracteriza a dinâmica a ser adotada nas atividades da fase de desenvolvimento do roadmapping. O mais comum é a realização de workshops que usam a arquitetura do roadmap como referência para captar e compartilhar, por meio de notas adesivas, as informações geradas e as decisões tomadas. As notas adesivas se sobressaem em relação a qualquer outra ferramenta, graças à facilidade de manuseio e por permitir que todos expressem seus comentários individualmente e sem a influência dos outros membros da equipe.

Outro exemplo de diretriz de gestão do método de trabalho é a combinação de atividades exploratórias com atividades conclusivas durante a fase de desenvolvimento do roadmapping. Nas atividades exploratórias, o objetivo é criar um panorama do contexto analisado sem restrições de conteúdo, de tal forma que qualquer informação ou ideia seja bem-vinda.

O brainstorming* é um exemplo de atividade com esse foco. Nas atividades conclusivas, o objetivo é, a partir de um panorama inicial, delimitar e priorizar assuntos, ideias e informações e tomar decisões. A priorização por sinais (por exemplo, notas adesivas na forma de estrelas) ou por votação, a categorização e agrupamento de informações e a discussão em grupos separados por especialidade são exemplos de atividades de caráter conclusivo.

A gestão da arquitetura do roadmap está voltada para as atividades de preparação e construção do roadmap. Várias diretrizes podem ser seguidas nesse sentido. Alguns processos de roadmapping definem, logo no início, uma arquitetura de roadmap rígida e a utilizam ao longo de todas as fases. Outra opção é adotar uma versão inicial genérica de roadmap – como a formada pelas camadas de mercados/negócios, produtos/serviços e tecnologias/recursos – e, a partir dela, recriar a arquitetura incluindo subcamadas, que são elaboradas de acordo com as informações e objetivos que surgirem no decorrer do processo. Também existem processos de roadmapping nos quais são elaborados pequenos roadmaps relacionados com as partes de um roadmap mais amplo. Independentemente da opção seguida, o mais importante é que o conteúdo estabelecido pela arquitetura do roadmap esteja de acordo com as necessidades de gestão das informações, com as expectativas das partes interessadas e com os resultados esperados.

A gestão de integração da abordagem com os processos de negócio aborda a ligação entre as entradas e saídas do roadmapping e os processos de negócio da organização. Definir datas para a realização do roadmapping dentro do programa corporativo de planejamento dos novos produtos, ou mesmo incorporar as informações geradas pelo roadmapping no plano estratégico, são algumas diretrizes que fazem parte dessa categoria. Outra possibilidade é sua aplicação para suprir

---

* O brainstorming é uma técnica para realização de trabalho colaborativo que incentiva a criatividade e a discussão sem restrições como forma de coletar ideias e informações que podem se tornar úteis para encontrar alguma resposta ou resolver algum problema.

alguma necessidade pontual, que independe dos processos de negócio já estabelecidos. Uma correta integração na organização faz com que a abordagem do roadmapping atenda às expectativas e consiga continuar ativa na organização.

1.5. Partes interessadas

Esse elemento, também conhecido pelo termo em inglês *stakeholders*, representa todas as pessoas ou organizações que possuem algum tipo de interesse nos resultados do roadmapping. As partes interessadas podem envolver membros de diferentes áreas da organização e pessoas externas, tais como fornecedores e clientes. Os membros das equipes de coordenação e de execução também são partes interessadas, mas, como têm função ativa no processo, suas atribuições já foram descritas anteriormente. Nesta seção são abordadas apenas as partes interessadas que não têm participação ativa no roadmapping mas, que, mesmo assim, são importantes pela influência que têm no processo.

O contexto da unidade de análise do roadmapping é o primeiro delimitador das partes interessadas. Esse contexto é definido pela organização, corporação e unidade de negócio, ou mesmo por uma combinação dessas partes. Por exemplo, quando ele é aplicado em um contexto que visa ao planejamento interno da gestão das tecnologias, a organização é a principal parte interessada. No entanto, quando aplicado para o planejamento tecnológico em setores industriais, todas as organizações participantes do setor são partes interessadas.

Uma vez estabelecido o contexto e consideradas as principais partes interessadas, torna-se possível identificar as áreas, departamentos e pessoas específicas que podem ter interesse no desenvolvimento e nos resultados do roadmapping. Por exemplo, em roadmappings que consideram os planos do negócio, pessoas situadas em níveis estratégicos da organização formam as principais partes interessadas. Já em roadmappings que focam no detalhamento dos planos para novos produtos, as partes interessadas incluem, principalmente, pessoas posicionadas no nível tático da organização (gerentes médios e engenheiros seniores).

A definição correta das partes interessadas é um aspecto crítico para o sucesso da aplicação do roadmapping. Isso porque são elas que avaliarão se os resultados alcançados têm valor para a organização e se o roadmapping deve continuar ou não a ser usado.

1.6. Resultados

No caso do roadmapping, o principal resultado é o roadmap, mapa que sintetiza todas as informações, ações e decisões tomadas durante o processo. Como o roadmap é um resumo de tudo o que foi considerado, um segundo resultado é o relatório que descreve em detalhes o que foi feito durante o processo, quem participou, quais informações foram levantadas etc.

A definição da arquitetura do roadmap é um dos meios de controlar e garantir os resultados do processo. A partir dela é possível definir camadas e subcamadas para assuntos críticos da unidade de análise e também estabelecer o significado dos períodos de curto, médio e longo prazos de uma aplicação específica. Na Figura 3 são apresentados exemplos de camadas e subcamadas de roadmaps para inovação no nível organizacional, enquanto na Figura 4 são mostradas opções para roadmaps que envolvem mais de uma organização, como redes e setores industriais.

Além do roadmap e do relatório, que são resultados tangíveis do roadmapping, existem também resultados intangíveis que são viabilizados pela sua aplicação. Esses resultados envolvem o aprendizado, a interação entre as pessoas, o compartilhamento de conhecimentos e a tomada conjunta de decisões. Em muitos casos, tais resultados intangíveis têm mais valor para as partes interessadas do que o próprio roadmap.

FIGURA 3 Exemplos de camadas e subcamadas de roadmap para o nível organizacional. Exemplo A – Estratégias de inovação de negócio para veículos. Exemplo B – Plano de desenvolvimento de uma plataforma de produto no setor eletrônico

Exemplo A

Mercado	Tendências e direcionadores – Sociais, tecnológicos, econômicos, ambientais, políticos Clientes – Europa – América – Mercados emergentes Concorrentes Partes interessadas	
Negócio	Corporação Outras unidades de negócio Unidade de negócio – Estratégia e objetivos	
Produto/serviço	Rodas Eixos Transmissões Sistemas de direção Acessórios/carrocerias Conexões Serviço e distribuição Cabines Novos/outros	
Tecnologia	Engenharia auxiliada por computador (CAE) Processos de manufatura Eletrônicos Caixa direção Materiais Outros	
Recursos/ outros	Financeiro Habilidades/competências Parcerias/fornecedores Organização/cultura etc.	

Exemplo B

Mercado (ambiente)	Tendências e direcionadores (nível macro) – Sociais, tecnológicos, econômicos, ambientais, políticos Tendências setoriais Concorrentes		
	Integrador de sistemas		
	Integrador de módulos		
	Fabricante		
	Negócio (estratégia e		
Produtos	Programas		
	Desempenho	Tamanho visor Resolução Cores Atualização Flexibilidade	
Componentes de produto	Qualificação projeto do produto		Integrador de sistemas
	Qualificação do processo		
	Caso de negócio do cliente		
	Modelo comercial Transferência de tecnologia Serviços de projeto Apoio fabricação na planta Soluções de teste		Integrador de módulos/ fabricante
Componentes de tecnologia	Mobilidade Largura de banda Flexibilidade do material Área tecnológica X Folhas Área tecnológica Y		
	Dependências de fornecimento		
Recursos/ outros	Pessoas Infraestrutura Financeiro		

Fonte: Adaptação da referência 3.

FIGURA 4 Exemplos de camadas e subcamadas de roadmaps envolvendo mais de uma organização (redes ou setores industriais). Exemplo C – Identificação de pesquisa, sinergias e outras prioridades para uma rede de pesquisas. Exemplo D – Definição de fatores críticos de sucesso da cadeia de valor do setor automotivo

Exemplo C

Mercado	Tendências e direcionadores (nível macro) – Social – Ambiental – Tecnológico – Político (leis, normas)
Capacitadores/barreiras comerciais	
Aplicações, produtos e serviços	Saúde Instrumentação Serviços ambientais Agricultura, alimentação Tec. informação e software Outros
Capacitadores/barreiras técnicas	
Tecnologia (conhecimentos aplicados)	Clínica/medicina Produção Sensores Engenharia Software e TI Nanotecnologias Materiais Automomação Outros
Capacitadores/barreiras teóricas	
Ciência (conhecimentos básicos)	Biologia e medicina Física Química Cognição Nanociência Ciência da computação Outros
Capacitadores/barreiras infraestruturais	
Infraestrutura e recursos	Parcerias, redes, propriedade intelectual Habilidades, educação Infraestrutura Financeiro, órgãos de fomento Políticas governamentais, normas, padrões) Matemática e outras disciplinas

Exemplo D

Tendências e direcionadores	Social Tecnológico Econômico Ambiental Político e legal
	Perspectiva dos fabricantes de veículos (mundial e local)
	Perspectiva dos fornecedores de base (posicionamento competitivo local e mundial)
Setores fornecedores básicos	Carroceria Chassis Sistema de direção Sistema elétrico Controle Serviços de engenharia Serviços logísticos e de manufatura Assistência durante ciclo de vida
Fatores críticos de sucesso	Operações: Qualidade Custo Entrega Agilidade/resposta
	Tecnologia: Inovação Tempo de desenvolvimento
	Estratégia Risco/segurança financeira Acesso a recursos Redes e cadeia de valor Habilidades/pessoas/ Cultura
	Outros
Recursos	Infraestrutura Habilidades/educação Financeiro Apoio Governo/normas Parcerias, Instituições acadêmicas Outros

Fonte: Adaptação da referência 3.

2. Melhores práticas de roadmapping

Uma fonte importante para aqueles que querem iniciar ou aprimorar seu processo de roadmapping são as experiências adquiridas por outros praticantes da abordagem. Com o crescimento da utilização do roadmapping e dos estudos relacionados com sua aplicação, essas experiências formaram um corpo de conhecimentos, o qual foi sistematizado e é apresentado neste livro na forma de melhores práticas. Essas, como o próprio nome indica, são práticas associadas com bons resultados, ou seja, práticas que, quando seguidas, aumentam a probabilidade de o processo de roadmapping atingir de forma efetiva os resultados para os quais foi aplicado.

Diferentemente de outras áreas, como a gestão de projetos, que possui um corpo de conhecimentos de melhores práticas bem estruturado e disponível na forma de um guia chamado PMBOK® (*Project Management Body of Knowledge*),[4] o roadmapping ainda não possui uma base única de conhecimentos para descrever suas melhores práticas. Por esse motivo, foi realizada uma busca em algumas das principais referências de roadmapping [5-10] a fim de criar uma primeira compilação de melhores práticas para essa abordagem. Como resultado, foram definidas 10 melhores práticas para a realização do roadmapping, as quais estão listadas na Figura 5. Deve-se salientar que essas melhores práticas reforçam algumas das diretrizes apresentadas na seção anterior.

FIGURA 5 As 10 melhores práticas do processo de *roadmapping*

1. Definição e comunicação dos objetivos e da unidade de análise no início do processo
2. Execução de projetos-piloto para o entendimento e adaptação do processo
3. Comprometimento de uma pessoa influente na organização
4. Participação de pessoas de diferentes áreas organizacionais e com visão de futuro
5. Participação de facilitadores na coordenação do processo
6. Participação de especialistas externos
7. Utilização de uma linguagem visual comum
8. Definição de uma linha do tempo coerente com os objetivos e a unidade de análise
9. Integração do roadmapping com os processos de negócio da organização
10. Adaptação do processo de roadmapping e da arquitetura do roadmap

Não existe uma ordem específica para a adoção dessas melhores práticas, nem a necessidade de aplicá-las em conjunto, visto que cada uma contribui com a melhoria de uma característica específica do processo. O mais importante é que os responsáveis pela coordenação do roadmapping as conheçam e entendam as vantagens de segui-las e as desvantagens de não adotá-las. A seguir, as 10 melhores práticas são descritas de acordo com a contribuição que trazem para o processo de roadmapping.

2.1. Definição e comunicação dos objetivos e da unidade de análise no início do processo

O roadmapping é uma abordagem flexível, o que facilita sua aplicação em diferentes contextos (planejamento estratégico, planejamento da inovação, identificação de oportunidades, priorização de ações etc.) e em diferentes unidades de análise (unidades de negócio, produtos, plataformas de produtos, famílias de produtos, plataformas tecnológicas etc.). No entanto, para que ao final da aplicação seja possível obter resultados de valor, é necessário que seu objetivo e sua unidade de análise estejam claramente definidos desde o início do processo. Caso contrário, as pessoas envolvidas podem se desviar do caminho proposto durante as discussões e ciclos de aplicação e, como consequência, são tomadas decisões sem valor, os envolvidos perdem comprometimento e a organização pode descontinuar o processo.

2.2. Execução de projetos-piloto para o entendimento e adaptação do processo

Uma parte essencial da aplicação do roadmapping é seu processo de desenvolvimento. Esse processo precisa ser entendido pelos participantes e deve incorporar os objetivos da aplicação. Quando a organização não tem experiência com a abordagem, recomenda-se a realização de projetos-piloto envolvendo unidades de análise simples e reduzidas. Dessa forma, consegue-se criar comprometimento e visualizar as adaptações necessárias para o processo atender às particularidades do negócio ou organização. Além disso, o roadmapping é um processo cíclico, que evolui a partir dos resultados e experiências adquiridas em cada aplicação. Então, é essencial que não se esperem resultados conclusivos em uma primeira aplicação da abordagem. Tal fato é mais facilmente esclarecido aos envolvidos quando as tentativas iniciais são tratadas como projetos-piloto.

2.3. Comprometimento de uma pessoa influente na organização

O sucesso do roadmapping depende da participação de pessoas de diferentes áreas da organização e com conhecimentos e experiências relevantes, o que quase sempre significa pessoas com pouca disponibilidade de tempo. Assim, para que seja possível envolvê-las, é necessário o apoio de uma pessoa influente na organização (um gerente sênior ou um diretor). Essa pessoa, denominada dono do processo, é responsável por delimitar os objetivos e a unidade de análise e por providenciar a estrutura e os recursos necessários.

2.4. Participação de pessoas de diferentes áreas organizacionais e com visão de futuro

O roadmapping demanda o envolvimento de pessoas com diferentes perspectivas organizacionais (por exemplo, marketing, engenharia, manufatura, compras etc.), tornando possíveis a aquisição de informações multidisciplinares e a definição de objetivos e planos unificados para toda a organização. Além disso, faz-se necessária a participação de pessoas com conhecimentos para descrever, não apenas a situação atual, mas também as tendências futuras. Evitando que os resultados do roadmapping fiquem limitados às questões relacionadas ao presente e ao curto prazo.

2.5. Participação de facilitadores na coordenação do processo

A presença de facilitadores permite que a equipe de execução, responsável pelo desenvolvimento do roadmap, concentre-se apenas nas atividades que agregam valor ao processo. Os facilitadores providenciam a estrutura, monitoram as dinâmicas de trabalho, conduzem os envolvidos, controlam o tempo, anotam informações e direcionam as atividades conforme os resultados são obtidos. Uma parte importante do trabalho dos facilitadores é garantir uma contribuição uniforme entre os colaboradores, o que induz a criação de uma visão compartilhada e evita a predominância de visões individuais. Algumas organizações optam por contratar consultores para realizar a função de facilitadores. Isso ajuda principalmente para a imparcialidade na condução do processo e nas decisões. No entanto, quando o roadmapping torna-se um processo crítico para o negócio, podem ser criados grupos internos encarregados de coordenar sua aplicação na organização.

2.6. Participação de especialistas externos

Muitas vezes as informações necessárias para a realização de um roadmapping não estão disponíveis dentro da organização. Portanto, a participação de especialistas externos, como especialistas de mercado e pesquisadores universitários com conhecimento em áreas críticas, pode enriquecer significativamente os resultados. Contudo, o envolvimento de pessoas externas é uma tarefa difícil na maioria das organizações, principalmente pelo caráter sigiloso das informações analisadas em um processo de roadmapping. Assim, é preciso existir uma parceria de confiança com essas pessoas e, eventualmente, a formalização de contratos de confidencialidade.

2.7. Utilização de uma linguagem visual comum

A comunicação visual é certamente um dos principais benefícios do roadmapping. Porém, para que ela seja aproveitada, a linguagem visual seguida no processo e no roadmap precisa ser perfeitamente entendida em termos de cores, formas, símbolos etc. Essa linguagem deve ser simples o suficiente para assegurar que as informações possam ser entendidas independentemente da formação ou cargo dos participantes. Ela também deve ser consistente com a arquitetura do roadmap, de forma a garantir uma organização sistemática e objetiva das informações. Por fim, uma linguagem visual bem elaborada pode facilitar a integração entre roadmaps de diferentes unidades do negócio e produtos, assim como a comunicação dos objetivos e planos para funcionários e parceiros não envolvidos no processo de desenvolvimento.

2.8. Definição de uma linha do tempo coerente com os objetivos e a unidade de análise

A linha do tempo adotada na arquitetura do roadmap estabelece o significado temporal para curto, médio e longo prazos. Os principais fatores considerados na definição dessa linha são a unidade de análise, a estratégia do negócio e o setor industrial. Para casos que envolvem a inovação na organização como um todo, prazos entre 5 e 10 anos podem ser adotados, enquanto prazos entre 3 e 5 anos podem ser adotados quando a unidade de análise é uma família específica de produtos. Considerar o ciclo de lançamento dos novos produtos também é importante nesse momento, pois a linha do tempo deveria incorporar, pelo menos, uma ou duas novas gerações de produtos. Por exemplo, no setor de eletroeletrônicos, que inclui os celulares e computadores, os produtos têm ciclos de lançamento que, muitas vezes, não atingem um ano. Por esse motivo, o longo prazo geralmente é definido para um período entre 3 e 5 anos nesse setor. Nas indústrias de bens de capital, como os setores aeronáutico e naval, os produtos têm ciclos de lançamento mais longos, que podem atingir mais de cinco anos. Portanto, o longo prazo para esse setor significa um período maior, variando entre 10 e 20 anos.

2.9. Integração do roadmapping com os processos de negócio da organização

O roadmapping pode ser realizado como uma atividade isolada ou pode fazer parte das operações da organização. Quando aplicado isoladamente, apresenta maior dificuldade para continuar ativo e contribuir com os processos de negócio em execução. Isso ocorre porque seus resultados ficam distantes da realidade do negócio, sendo desvalorizados e pouco aproveitados. Porém, quando o roadmapping é integrado com os processos já existentes, como o planejamento estratégico ou o processo de inovação, é possível aproveitar melhor seu potencial e gerar mais benefícios para a organização.

2.10. Adaptação do processo de roadmapping e da arquitetura do roadmap

O processo de roadmapping e a arquitetura do roadmap precisam atender às características e necessidades específicas da organização e da aplicação. Assim, antes de iniciar o roadmapping, o processo e a arquitetura devem ser analisados e configurados para se adaptarem ao contexto no qual estão inseridos. Mesmo sendo citados separadamente, o processo de roadmapping e a arquitetura do roadmap são partes complementares da abordagem de roadmapping e têm de estar necessariamente integrados. Dessa forma, mesmo que o roadmap seja elaborado apenas no fim do processo, ele deve ser conceituado ainda no início. Entre os principais fatores de adaptação estão o setor, o tipo de produto (software, serviços, produtos físicos etc.) e a unidade de análise (setor industrial, corporação/unidade de negócio, plataforma ou linha de produtos etc.).

Essa melhor prática é determinante para o sucesso da abordagem, principalmente porque reflete a grande flexibilidade existente nos processos e resultados da abordagem do roadmapping. Algumas possibilidades de arquitetura do roadmap já foram mostradas (Figuras 3 e 4). Na próxima seção, são apresentados processos de roadmapping como forma de exemplificar as variações possíveis.

3. Exemplos de processos de roadmapping

Nesta seção são apresentados seis exemplos clássicos de processos de roadmapping que têm sido usados como referência para a preparação e execução de novos processos. É importante que os leitores compreendam que a principal função destes exemplos é demonstrar a flexibilidade do roadmapping e aprofundar o entendimento dos seus processos. Além disso, como os elementos descritos anteriormente apresentam explicações do que ocorre nos processos de roadmapping, eles ajudam na compreensão dos exemplos apresentados nesta seção.

Quatro dos processos descritos são provenientes de experiências em grandes organizações: Motorola,[11] Philips Electronics,[12] Lucent Technologies[13] e EIRMA.[14] São relevantes pelos seguintes motivos:

- O processo da Motorola destaca-se por ser o pioneiro no roadmapping. Ele demonstra o potencial da abordagem e incentiva sua aplicação em outras organizações.
- O processo da Philips é importante porque apresenta as camadas da arquitetura de roadmap mais usadas atualmente (mercado, produto, tecnologia e recursos) e porque estabelece diferenças entre as atividades preparatórias e as atividades de desenvolvimento.
- O processo da Lucent Technologies contribui principalmente por adotar sessões de trabalho distintas para cada um dos temas que formam a arquitetura do roadmap e para o fechamento do resultado final. Esse processo também ressalta a importância da utilização de outras ferramentas em conjunto com o processo de roadmapping, como o QFD (*Quality Function Deployment*) e a gestão de portfólio.*
- O processo descrito pela EIRMA corresponde a uma compilação de experiências de empresas europeias e sofreu influência das experiências da Philips. Esse processo consolida a arquitetura de roadmap dividida em camadas e linha de tempo e descreve um processo de

---

* Mais informações sobre as matrizes de correlação, como as usadas no QFD, e a gestão de portfólio podem ser encontradas no Capítulo 5 deste livro, no qual são apresentadas ferramentas para ajudar na melhoria dos resultados do roadmapping.

roadmapping focado nas atividades de desenvolvimento, em vez de focar em informações, gráficos ou ferramentas envolvidas.

Os outros dois exemplos considerados nesta seção incluem os processos de roadmapping desenvolvidos no CTM (*Centre for Technology Management*) da Universidade de Cambridge, considerado um centro de excelência internacional em roadmapping. Esses dois processos, nomeados de S-Plan[15] e T-Plan,[16] foram criados para ajudar as organizações a iniciar o uso da abordagem. Assim, mesmo sendo delimitados para aplicações específicas, ainda possuem características mais genéricas do que os outros exemplos. O S-Plan e o T-Plan são apresentados brevemente neste capítulo, pois ambos serão descritos em detalhes, respectivamente, nos Capítulos 3 e 4 deste livro.

3.1. Roadmapping da Motorola

Neste exemplo, o roadmapping foi empregado para a definição do plano de desenvolvimento de uma linha de produto (passado, presente e futuro) de uma unidade de negócio e para indicar as tecnologias necessárias ao lançamento futuro dos produtos planejados. Esse processo é o primeiro exemplo documentado de roadmapping e é, portanto, considerado uma referência primordial para o entendimento da abordagem.

O resultado mais destacado nesse processo é o roadmap de tecnologias e produtos, ilustrado aqui por meio da Figura 6. Esse roadmap, denominado originalmente *Technology Roadmap Matrix*, é diferente dos roadmaps mais recentes, pois não inclui a camada de mercado no mapa. Ele foca apenas nas gerações de novos produtos e nas novas tecnologias planejadas para cada uma dessas gerações, que são organizadas de acordo com as funcionalidades do produto.

O processo de roadmapping aplicado na Motorola foi dividido em oito fases, cada uma representando uma informação ou um conjunto de informações necessárias para a elaboração do plano de desenvolvimento da linha de produto:

- **Fase 1 – Descrição do negócio**
  Nessa fase são consideradas as principais informações do negócio que devem ser levantadas e organizadas a fim de permitir o início do processo de roadmapping. São elas: missão do negócio, estratégias de produto e tecnologia, participação de mercado da empresa e seus concorrentes, histórico e previsão de vendas, gráficos do ciclo de vida dos produtos, plano de produtos, e posição competitiva. Essas informações permitem a elaboração de um panorama do negócio para a linha de produto escolhida.

- **Fase 2 – Previsão de tecnologia**
  Nessa fase busca-se prever a evolução das tecnologias utilizadas na linha de produto. Com isso torna-se possível direcionar os esforços para o desenvolvimento de novas tecnologias ou mesmo para a melhoria das tecnologias existentes.

- **Fase 3 – Matriz roadmap de tecnologia**
  Nessa fase é preparada uma matriz que resume as informações sobre o plano de produto e a evolução das tecnologias. Essa matriz, que foi ilustrada na Figura 6, descreve o alinhamento entre os produtos e tecnologias.

- **Fase 4 – Qualidade**
  A inclusão de novas tecnologias traz riscos associados com a manutenção da qualidade dos produtos. Por isso, nessa fase avaliam-se os impactos que as novas tecnologias podem ter na qualidade dos produtos e nos seus processos de produção, com o intuito de assegurar que os novos produtos atendam às especificações projetadas.

FIGURA 6 Exemplo ilustrativo de roadmap de produtos e tecnologias, conforme a proposta apresentada no processo de *roadmapping* da Motorola, para o caso de computadores pessoais

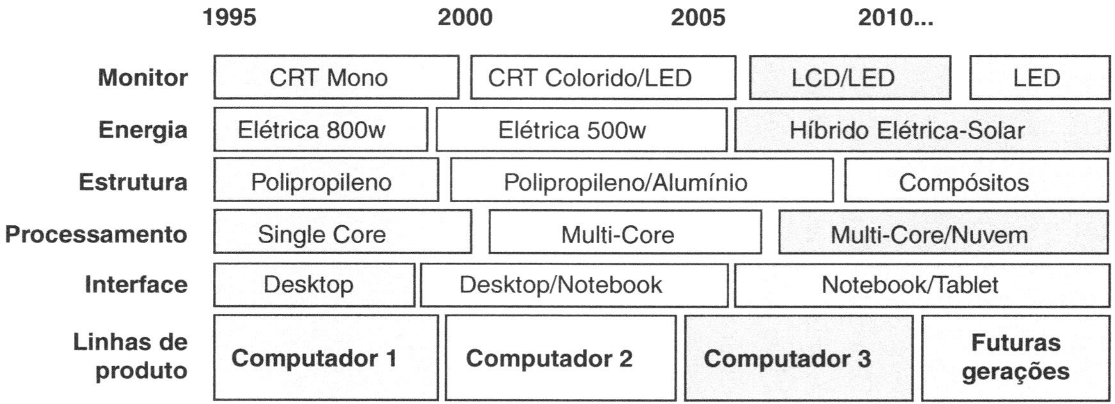

	1995	2000	2005	2010...
Monitor	CRT Mono	CRT Colorido/LED	LCD/LED	LED
Energia	Elétrica 800w	Elétrica 500w	Híbrido Elétrica-Solar	
Estrutura	Polipropileno	Polipropileno/Alumínio	Compósitos	
Processamento	Single Core	Multi-Core	Multi-Core/Nuvem	
Interface	Desktop	Desktop/Notebook	Notebook/Tablet	
Linhas de produto	Computador 1	Computador 2	Computador 3	Futuras gerações

- **Fase 5 – Alocação de recursos**
  Nessa fase acontecem a análise e o planejamento dos recursos humanos e físicos necessários para a execução adequada dos objetivos estabelecidos para os novos produtos. Durante a previsão desses recursos, além da estimativa de esforço e tempo, um fator essencial é a identificação das competências críticas para o sucesso no desenvolvimento dos novos produtos.

- **Fase 6 – Portfólio de patentes**
  Nessa fase buscam-se duas informações relacionadas com patentes: uma lista das patentes conhecidas, organizadas em função das principais áreas tecnológicas do produto; e dados sobre concorrentes ativos no mesmo segmento de mercado e que mostram possibilidades de estabelecimento de propriedade intelectual.

- **Fase 7 – Descrições de produto, relatórios de andamento e gráficos-resumo**
  Nessa fase são elaborados documentos para cada produto incluído no roadmap, a fim de permitir o acompanhamento e a atualização das informações durante seu desenvolvimento. Esses documentos são incorporados ao processo de gerenciamento de projetos da organização. No início dessa fase, também pode ser feita uma análise do andamento do portfólio de projetos na unidade em análise, destacando-se os projetos adiantados, em dia com o cronograma, atrasados e o número de projetos iniciados e finalizados.

- **Fase 8 – Relatório detalhado**
  Nessa fase, realizada periodicamente, é conduzida uma análise minuciosa dos produtos, tecnologias e planos estabelecidos. Essa análise é importante para a organização ter controle sobre suas decisões e não deixar escapar pormenores esquecidos nas fases anteriores.

3.2. Roadmapping da Philips Electronics

Neste exemplo, o roadmapping é usado para apoiar as fases iniciais do processo de desenvolvimento de produtos.* A arquitetura de roadmap proposta neste processo, que é ilustrada na Figura 7, foca na combinação de produtos e tecnologias *(product-technology roadmap)*.

FIGURA 7 Exemplo de arquitetura de roadmap de produtos e tecnologias, conforme a proposta de roadmapping da Philips Electronics

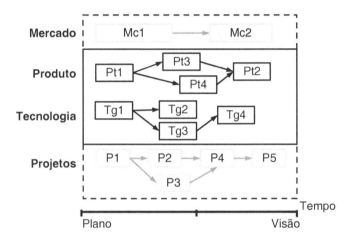

O processo de roadmapping adotado na Philips Electronics é resumido na Figura 8. Esse processo compreende cinco fases, diferenciadas em atividades de coordenação, que envolvem o dono do processo e facilitadores, e workshops. As atividades de coordenação estão ligadas não somente à criação de resultados, mas também à organização e execução do processo. Nos workshops, o foco está na criação de resultados; assim, outros membros da organização são convidados a participar a fim de aumentar a quantidade de informações disponíveis para o processo.

---

* Para uma explicação sobre as fases iniciais do processo de desenvolvimento de produtos, rever a seção 6.2 do Capítulo 1.

FIGURA 8 Representação das fases do processo de roadmapping da Philips Electronics

Fase 1 – Coordenação
Definição de objetivos
Coleta de informações
Fase 2 – Workshop 1
Compartilhamento de informações
Construção de uma visão comum
Construção de grupos de roadmaps
Fase 3 – Coordenação
Seleção de cenários do roadmap
Definição dos fundamentos do roadmap
Fase 4 – Workshop 2
Geração de roadmaps:
– Compartilhamento de informações
– Desenho dos mapas
– Avaliação
Fase – Coordenação
Definição e organização da continuidade do roadmapping

As atividades realizadas em cada uma das fases do processo de roadmapping da Philips Electronics incluem:

- **Fase 1** (*coordenação*): definição de objetivos e coleta de informações.
- **Fase 2** (*workshop*): compartilhamento de informações, construção de uma visão comum e formação de grupos para os roadmaps.
- **Fase 3** (*coordenação*): seleção de cenários de roadmaps e definição de fundamentos de roadmap.
- **Fase 4** (*workshop*): geração de roadmaps pelo compartilhamento de informações, desenho dos mapas e avaliação dos resultados.
- **Fase 5** (*coordenação*): definição e organização da continuidade do roadmapping.

Nesse processo de roadmapping também é indicada a aplicação de ferramentas complementares, como o QFD, a matriz de inovação e a análise de portfólio. O QFD possibilita o estabelecimento de correlações entre as necessidades identificadas entre os consumidores e as características técnicas dos produtos. A matriz de inovação analisa a maturidade de uma nova tecnologia no momento em que ela será requisitada pelo projeto de desenvolvimento de um novo produto. Finalmente, a análise de portfólio permite identificar o equilíbrio entre investimentos no curto, médio e longo prazos, assim como ajuda a revelar lacunas no portfólio de produtos, tal como a falta de um produto para um segmento de mercado.

O QFD é aplicado no início do processo da Philips para promover a interação multifuncional entre participantes. Ele contribui para o entendimento das ligações existentes entre a camada de mercado e de produto, porém ainda sem considerar os impactos da perspectiva de tempo do roadmap.

Em seguida, quando os aspectos temporais começam a ser analisados, surgem questões relacionadas com o fluxo de acontecimentos desde o momento atual, passando pelo curto e médio prazos, até alcançar o longo prazo. Nesse instante, a matriz de inovação ajuda a perceber quando as variações dos produtos serão requisitadas pelo mercado e qual a maturidade das tecnologias necessárias para o desenvolvimento dessas variações naquele momento. Consequentemente, as lacunas existentes para a efetivação dos objetivos são ressaltadas e os planos de ação para solucioná-las são definidos.

Finalmente, tendo em mãos os vários objetivos para os novos produtos e tecnologias, a análise de portfólio é executada para definir o conjunto de projetos a ser considerado no plano.

3.3. Roadmapping da Lucent Technologies

Neste exemplo, o roadmapping também é direcionado para o contexto de produtos e tecnologias, porém seu resultado não é um roadmap único, mas sim um conjunto de roadmaps de produtos e tecnologias e de gráficos, que fornecem informações para a tomada de decisão. Assim, o processo de roadmapping da Lucent Technologies possui uma ligação mais estreita com os processos de negócio da organização, tanto pelos seus resultados como pela quantidade de informações de entrada necessárias para sua realização.

Esse processo de roadmapping, representado na Figura 9, é organizado em três etapas: etapa de mercado, etapa de produto e etapa de tecnologia. Essas são seguidas por uma atividade de planejamento que visa resumir os resultados obtidos e definir ações.

FIGURA 9 Representação do processo de roadmapping da Lucent Technologies

Na etapa de mercado, são analisados os segmentos de mercado considerados no processo, as necessidades dos clientes desses segmentos e a competitividade dos principais concorrentes.

Na etapa de produto, são definidos os direcionadores de produto (características de produto mais valorizadas pelos clientes) e são criados os gráficos da evolução histórica dos preços do produto no mercado, o roadmap das plataformas de produtos e o plano de desenvolvimento dos novos produtos.

Na etapa de tecnologia é construído o roadmap de tecnologia (Figura 10), que é considerado uma peça fundamental desse processo,

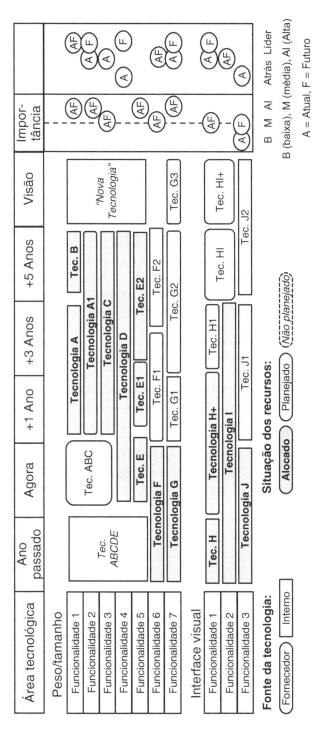

FIGURA 10 Roadmap de tecnologias segundo a proposta da Lucent Technologies

já que consolida as informações de produto e mercado com as informações de tecnologia. Esse roadmap, se comparado com o roadmap usado pela Motorola, acrescenta a avaliação da situação atual e da expectativa futura da importância da funcionalidade e da posição competitividade da organização. Nessa etapa ainda é estimado o custo futuro das tecnologias e produtos, a fim de identificar oportunidades para a redução de custos.

O processo é encerrado na atividade de planejamento, quando as informações das três etapas anteriores são analisadas e usadas para a proposição de um plano de ação unificado em termos de mercados, produtos e tecnologias. Como complemento, também é criado um roadmap que descreve os riscos inerentes ao plano de ação proposto, a fim de monitorar sua execução e garantir seus resultados.

3.4. Roadmapping da EIRMA

Este exemplo de roadmapping foi desenvolvido por uma associação europeia de pesquisa em gestão industrial – EIRMA (*European Industrial Research Management Association*) – com o intuito de prover subsídios para a melhoria da abordagem do roadmapping. Entre as empresas participantes dessa associação estavam, na época, Philips, ABB, LucasVarity e Hoogovens. Dessa forma, esse processo pode ser considerado mais genérico do que os três anteriores.

A arquitetura de roadmap proposta nesse processo, mostrada na Figura 11, levou à formação da arquitetura de referência para a maioria das aplicações atualmente conhecidas. Nesse processo também são ressaltados aspectos relacionados com a forma de condução do trabalho, tais como a consideração das perspectivas do negócio nas camadas do roadmap e a abordagem de aplicação rápida e iterativa baseada na tomada de decisão e nos conhecimentos dos envolvidos.

FIGURA 11 Arquitetura de *roadmap* desenvolvida pela EIRMA

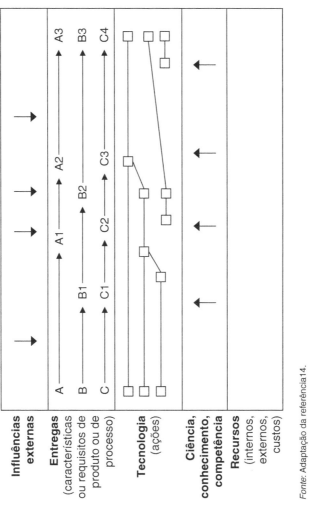

Fonte: Adaptação da referência14.

O processo de roadmapping da EIRMA apresenta oito fases:

- **Fase 1 – Pré-projeto**
  Reconhecimento do problema, definição da unidade de análise, do horizonte de planejamento, do responsável pelo processo e identificação das informações de entrada disponíveis.

- **Fase 2 – Montagem da equipe**
  Escolha dos membros da equipe de execução do roadmapping para a formação de uma equipe multidisciplinar e para garantir a presença de especialistas externos, capazes de preencher lacunas de informação.

- **Fase 3 – Plano preliminar**
  Levantamento das informações necessárias e relacionadas com o roadmapping, incluindo os requisitos tecnológicos, a evolução do mercado e do produto, as tendências dos consumidores, fatores ambientais, a análise da posição competitiva (análise SWOT),* inteligência competitiva, tendências e categorizações tecnológicas, visões e escopo dos roadmaps, e as conexões com outros roadmaps da organização.

- **Fase 4 – Processamento das entradas**
  Coleta de informações usando a arquitetura do roadmap como referência. O objetivo é criar uma primeira versão completa do roadmap que considera os direcionadores prioritários, destaca as regiões críticas e mostra cenários alternativos. Essa fase é uma das mais difíceis, devido à abrangência comumente ampla e à grande quantidade de informações que precisam ser analisadas e sintetizadas.

---

* Mais informações sobre a análise SWOT na seção 1.1 do Capítulo 5.

- **Fase 5 – Síntese em um documento de trabalho (roadmap)**
  Melhoria da primeira versão do roadmap por meio da revisão da integração entre as camadas (estratégias e planos integrados de mercado, produto, tecnologia e recursos) e dos caminhos estratégicos das inovações, tanto puxadas pelo mercado (*market-pull*) quanto empurradas pela tecnologia (*technology-push*).* Além disso, nessa fase também é elaborada a documentação que explica todo o conteúdo utilizado para criar a versão final do roadmap.

- **Fase 6 – Verificação, consulta e planejamento da comunicação**
  Apresentação dos resultados para validar as informações e obter o comprometimento dos gerentes seniores e de outras partes interessadas que poderão ser afetadas com a implementação das ações definidas no roadmap.

- **Fase 7 – Elaboração de um documento de decisão (opcional)**
  Inclusão de informações adicionais requisitadas por gerentes seniores para apoiar a tomada de decisão. Por exemplo, elaboração de um plano de projeto formal para um novo produto indicado no roadmap.

- **Fase 8 – Atualização**
  Garantia da existência de um processo para acompanhar e revisar regularmente o roadmap.

---

* Mais informações sobre os caminhos estratégicos, *market-pull* e *technology-push*, na seção 2 do Capítulo 1.

Este processo é considerado um marco na disseminação do roadmapping, pois difundiu os conhecimentos anteriormente internalizados nas organizações. Como resultado, ele motivou o surgimento de uma nova fase do roadmapping, na qual os conhecimentos tornaram-se públicos e abertos. Um dos principais resultados dessa mudança foi o início dos estudos de roadmapping em centros de pesquisa.

3.5. Roadmapping do S-Plan

O S-Plan foi desenvolvido para apoiar a definição de estratégias de inovação.* Seu processo de desenvolvimento baseia-se em um workshop que tem início com a elaboração de uma visão holística do contexto de inovação e segue com a priorização dos pontos mais relevantes. Então, esses pontos são detalhados para permitir a definição de objetivos, metas e ações para a organização. Isto é, o S-Plan começa com um foco exploratório e termina com um foco conclusivo.

No S-Plan, a arquitetura do roadmap mantém as principais camadas relacionadas com o "por quê", "o quê" e "como".** Porém, em virtude das suas características estratégicas, passa a considerar outros tipos de informações, como exemplificado na Figura 12.

O processo do S-Plan possui três etapas, conforme a Figura 13, o mapeamento estratégico, o detalhamento de tópicos e a revisão dos resultados. Pela proposta original do processo, essas etapas acontecem ao longo de um workshop de um único dia. Além delas, também são feitas duas atividades, uma de planejamento do processo no início e outra, no final, para implementação dos resultados e manutenção da iniciativa roadmapping na organização.

Na etapa de **construção do mapa estratégico** é considerado o contexto em análise, que pode compreender uma ou mais organizações e

---

* Mais informações sobre roadmappings para definição de estratégias de inovação nas seções 5 e 6 do Capítulo 1.
** Mais informações sobre as perguntas que delimitam as camadas do roadmapping na seção 3 do Capítulo 1.

FIGURA 12 Arquitetura de *roadmap* indicada para S-Plan

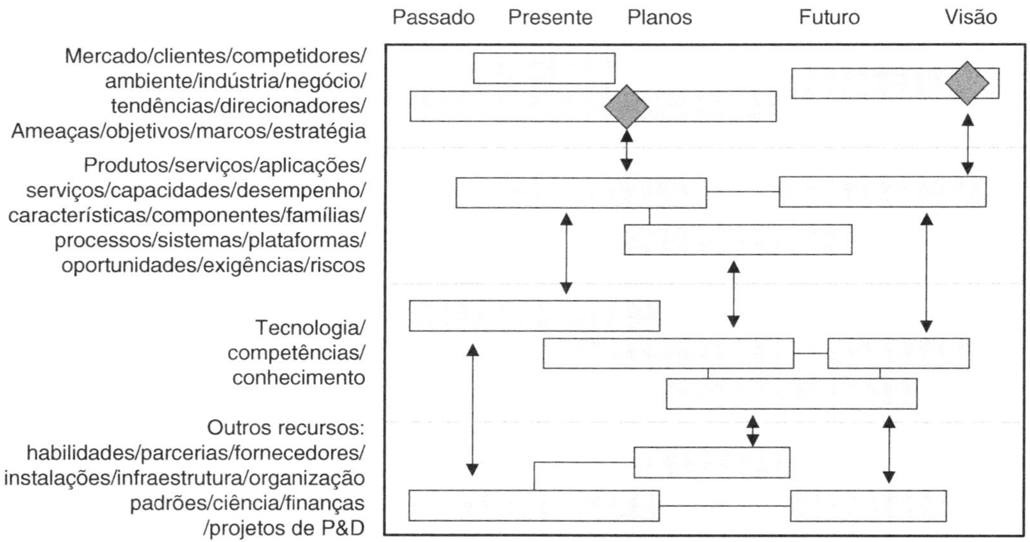

Fonte. Adaptação da referência 15.

FIGURA 13 Visão geral do processo de roadmapping do S-Plan

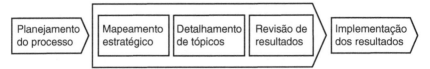

Fonte: Adaptação da referência 15.

unidades de negócio. A arquitetura de roadmap é usada desde o início da etapa para a colagem de anotações e de ideias geradas durante a discussão sobre o contexto de inovação. Depois de criada a visão desse contexto, os participantes votam nos tópicos mais promissores, os quais serão descritos com mais detalhes na próxima etapa.

Na etapa de **detalhamento de tópicos**, a equipe é dividida em pequenos grupos e são usados roadmaps concisos e focados nas camadas de mercado, produto e tecnologia. Cada grupo investiga um dos tópicos selecionados (problemas, soluções, riscos, oportunidades etc.) para, então, definir objetivos, metas e ações.

Na etapa de **revisão dos resultados** os grupos apresentam seus resultados para todos os participantes, os quais são avaliados e discutidos em conjunto, visando à proposição de melhorias. Assim, a proposta final concebida para cada tópico é aprimorada e torna-se aceita por todos os envolvidos.

Importante destacar que esta seção apresentou resumidamente o processo de roadmapping do S-Plan para viabilizar sua contextualização em relação aos outros exemplos de processo descritos neste capítulo. No Capítulo 3 deste livro, o S-Plan é reapresentado com mais detalhes, tendo em vista fornecer meios para sua aplicação por aqueles que se mostrarem interessados.

3.6. Roadmapping do T-Plan

O T-Plan é um processo de roadmapping desenvolvido para contribuir para o planejamento de produtos e tecnologias.* Assim como o S-Plan,

---

* Mais informações sobre roadmappings para o planejamento de produtos e tecnologias nas seções 5 e 6 do Capítulo 1.

também são usados workshops em seu processo de desenvolvimento. Num primeiro momento, o T-Plan trata separadamente de cada um dos conteúdos relativos às camadas do roadmap. Ao final, ele foca na integração e no alinhamento entre as camadas com o intuito de construir o plano de ações para os produtos e tecnologias.

O T-Plan sugere a utilização da arquitetura de roadmap para inovação formada pela linha do tempo e pelas camadas de mercado/negócio, produto/serviço e tecnologia, o que é mostrado na Figura 14. A camada de tecnologia dessa arquitetura também considera os recursos em seu escopo.

FIGURA 14 Arquitetura de roadmap para inovação indicada pelo T-Plan

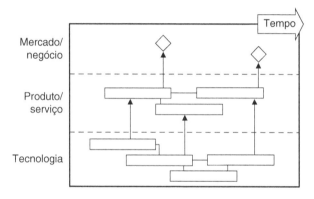

Fonte: Adaptação da referência 16.

O processo do T-Plan, mostrado na Figura 15, é formado por quatro workshops: mercado, produto, tecnologia e construção do roadmap. Esse processo também inclui as atividades de planejamento e de implementação,

FIGURA 15 Visão geral do processo de roadmapping do T-Plan

Fonte: Adaptação da referência 16.

que ajudam, respectivamente, na iniciação do processo e na aplicação dos resultados na organização.

Na **atividade de planejamento**, que envolve o dono do processo e os facilitadores, são inicialmente definidos os objetivos, a unidade de análise e os participantes dos workshops. Em seguida, são analisadas as necessidades de adaptação do processo e de preparação de informações.

No **workshop de mercado**, são estudadas as dimensões de desempenho do produto,* a fim de entender os grupos que correlacionam necessidades do mercado, requisitos dos clientes, características de produto e soluções tecnológicas. A partir dessas dimensões são analisadas as demandas de mercado e organizacionais, que permitirão a definição dos direcionadores de mercado e negócio. Esses direcionadores são analisados, agrupados e priorizados para estabelecer os objetivos e metas que devem ser atendidos pelos produtos e tecnologias.

No **workshop de produto** acontece o levantamento das características do produto, que determinam seu desempenho e a sua capacidade para atender aos direcionadores, usando novamente como referência as dimensões de desempenho. As características encontradas são analisadas e agrupadas nas chamadas áreas técnicas do produto, para então serem avaliadas em relação ao seu potencial para apoiar os direcionadores. Esse desdobramento das importâncias é feito com a utilização de matrizes de correlação,** que permitem priorizar as áreas com maior impacto nos direcionadores mais importantes.

No **workshop de tecnologia** repete-se o procedimento executado no workshop de produto, porém com foco nas tecnologias. Elas são

---

* As dimensões de desempenho do produto são dimensões que correlacionam aspectos de mercado, físicos e tecnológicos do produto, mostrando um conjunto de aspectos interdependentes. Por exemplo, o peso de um produto pode ser uma dimensão que correlaciona os requisitos relacionados ao tamanho de um produto (mercado), as especificações de densidade do material (físico) e os tipos de materiais usados, tais como metais e polímeros (tecnologias).
** Mais informações sobre as matrizes de correlação na seção 2.1 do Capítulo 5.

identificadas e reunidas em grupos de tecnologias e recursos, os quais são avaliados em relação ao potencial para apoiar o desenvolvimento das características de produtos priorizadas no workshop anterior.

No **workshop de construção do roadmap** ocorre o refinamento da arquitetura do roadmap, que passa a considerar como subcamadas as áreas técnicas de produto e os grupos de tecnologias e recursos. Depois de ajustada a arquitetura, inicia-se o preenchimento do roadmap com as informações obtidas ao longo dos workshops e a definição das interligações entre as camadas. Alguns ciclos podem ser necessários até que seja construído um roadmap que atenda aos objetivos do processo. Mesmo assim, é comum restarem algumas questões e decisões não resolvidas na versão final, as quais deverão ser consideradas nas próximas aplicações da abordagem.

Por fim, os resultados são divulgados para que possam ser utilizados pela organização. Essa última atividade deve ser feita de forma cuidadosa para garantir que os objetivos e metas sejam realmente seguidos por todas as partes interessadas.

Importante destacar novamente que, da mesma forma como foi feito para o S-Plan, nesta seção o T-Plan foi descrito de forma resumida para comparação em relação aos outros exemplos de processo de roadmapping descritos neste capítulo. No Capítulo 4 deste livro, o T-Plan é reapresentado com maior profundidade, a fim de orientar sua utilização.

4. Resumo do capítulo

Neste capítulo foram apresentadas informações sobre os processos de roadmapping com o objetivo de fornecer aos leitores o embasamento necessário para compreender suas principais características. Primeiramente, foram descritos os elementos que formam os processos de roadmapping. Em seguida, as melhores práticas foram apresentadas. Por fim, foram mostrados exemplos de processos de roadmapping com o propósito de esclarecer como a abordagem tem sido usada pelas empresas.

Os processos de roadmapping são compostos por seis elementos: conjunto de atividades, informações, recursos humanos e físicos, diretrizes do processo, partes interessadas e resultados. Cada um desses seis elementos foi explicado e exemplificado na primeira seção deste capítulo.

Também foram apresentadas as 10 melhores práticas para a aplicação da abordagem, as quais, quando seguidas, auxiliam na realização de um processo mais eficiente e eficaz. As melhores práticas são: (1) definição e comunicação dos objetivos e da unidade de análise no início do processo; (2) execução de projetos-piloto para o entendimento e adaptação do processo; (3) comprometimento de uma pessoa influente na organização; (4) participação de pessoas de diferentes áreas organizacionais e com visão de futuro; (5) participação de facilitadores na coordenação do processo; (6) participação de especialistas externos; (7) utilização de uma linguagem visual comum; (8) definição de uma linha do tempo coerente com os objetivos e a unidade de análise; (9) integração do roadmapping com os processos de negócio da organização; e (10) adaptação do processo de roadmapping e da arquitetura do roadmap.

No fechamento deste capítulo foram apresentados, como exemplos, os processos de roadmapping aplicados pela Motorola, Philips Electronics, Lucent Technologies e EIRMA, bem como os processos de roadmapping criados na Universidade de Cambridge, o S-Plan e o T-Plan.

5. Referências

[1] VERNADAT, F. *Enterprise Modeling and Integration: Principles and Applications*. Nova York. Springer, 1996.

[2] DAVENPORT, T.H. *Process Innovation: Reengineering Work through Information and Technology*. Massachusetts: Harvard Business School Press, 1994.

[3] PHAAL, R.; FARRUKH, C.J.P.; PROBERT, D.R. *Roadmapping for Strategy and Innovation: Aligning Technology and Markets in a Dynamic World*. Cambridge: University of Cambridge, 2010.

[4] PMI. Project Management Body of Knowledge (PMBOK). 4th ed. Pennsylvania: Project Management Institute (PMI), 2008.

[5] ALBRIGHT, R.E.; KAPPEL, T.A. "Technology Roadmapping: Roadmapping in the Corporation". *Research Technology Management*, v. 46, n. 2, p. 31-40, 2003.

[6] ALBRIGHT, R.E.; NELSON, B. "Product and Technology Mapping Tools for Planning and Portfolio Decision Making". In: Belliveau, P.; Griffin, A.; Somermeyer, S. (Eds.); *The PDMA Toolbook 2 for new Product Development*. Nova York: Wiley, 2004.

[7] GARCIA, M.L.; BRAY, O.H. "Fundamentals of Technology Roadmapping". *Sandia National Laboratories*, SAND97-0665, 1997.

[8] GROENVELD, P. "Roadmapping Integrates Business and Technology". *Research Technology Management*, v. 40, n. 5, p. 48-55, 1997.

[9] KAPPEL, T.A. "Perspectives on Roadmaps: How Organizations Talk about the Future". *Journal of Product Innovation Management*, v. 18, n. 1, p. 39-50, 2001.

[10] KOSTOFF, R.N.; SCHALLER, R.R. "Science and Technology Roadmaps". *IEEE Transactions on Engineering Management*, v. 48, n. 2, p. 132-143, 2001.

[11] WILLYARD, C.H.; MCCLEES, C.W. "Motorola's Technology Roadmap Process". *Research Management*, v. 30, n. 5, p. 13-19, 1987.

[12] GROENVELD, P. "Roadmapping Integrates Business and Technology". *Research Technology Management*, v. 40, n. 5, p. 48-55, 1997.

[13] ALBRIGHT, R.E.; KAPPEL, T.A. "Technology Roadmapping: Roadmapping in the Corporation". *Research Technology Management*, v. 46, n. 2, p. 31-40, 2003.

[14] EIRMA. "Technology Roadmapping: Delivering Business Vision. European Industry". *Research Management Association*, Working Group Report n. 52, Paris, 1997.

[15] PHAAL, R.; FARRUKH, C.J.P.; PROBERT, D.R. "Strategic Roadmapping: A Workshop-Based Approach for Identifying and Exploring Strategic Issues and Opportunities". *Engineering Management Journal*, v. 19, n. 1, p. 3-12, 2007.

[16] PHAAL, R.; FARRUKH, C.J.P.; PROBERT, D.R. "T-Plan: fast start to technology roadmapping – planning your route to success". Cambridge, UK: Institute for Manufacturing, University of Cambridge, 2001.

CAPÍTULO 3

Roadmapping para a definição de estratégias de inovação

O objetivo deste capítulo é apresentar as informações necessárias para que o leitor consiga aplicar o roadmapping na definição de estratégias de inovação (ver seções 5 e 6 do Capítulo 1). A exploração das possibilidades estratégicas é a motivação predominante desse tipo de aplicação do roadmapping. Outra característica é sua utilização tanto no âmbito de uma única organização (no nível corporativo ou de uma unidade de negócio), quanto no âmbito de diversas organizações (um setor ou sistema industrial). Nesse contexto, ilustrado pela Figura 1, insere-se o processo de roadmapping do S-Plan,[1,2] o qual foi introduzido na seção 3.5 do Capítulo 2. Esse processo foi projetado especificamente para a definição de estratégias de inovação e, portanto, é apresentado como referência para aqueles que querem aplicar esse tipo de roadmapping.

As etapas e atividades do S-Plan são apresentadas neste capítulo em um nível de detalhamento que permite compreender suas principais características e iniciar sua aplicação. Contudo, não são descritas propostas de agenda para a condução dos workshops, o que pode ser encontrado

FIGURA 1 O S-Plan como um processo de roadmapping para a definição de estratégias de inovação

em suas fontes originais.[2,3] Isso porque se deseja destacar a flexibilidade do processo, que pode ser adaptado para diferentes contextos. Para ilustrar essa flexibilidade, exemplos de aplicações e de resultados do S-Plan são fornecidos, tanto ao longo de sua descrição como ao final do capítulo.

Para aqueles que ainda estão começando suas atividades de roadmapping, recomenda-se que sigam o formato básico do processo nas primeiras tentativas e, somente depois de acumularem alguma experiência, realizam adaptações. Essa prática, nomeada de "execução de projetos-piloto para o entendimento e adaptação do processo" foi descrita na seção 3 do Capítulo 2, como parte das 10 melhores práticas do roadmapping.

1. Processo exemplificado do S-Plan

O S-Plan é um processo de roadmapping criado para uso em unidades de análise de grande abrangência, visto que é capaz de considerar muitos tipos de informação e longos horizontes de tempo. Dessa forma, ele propicia a identificação, priorização e exploração de questões críticas para a definição das estratégias de inovação. Seu processo padrão está baseado em um workshop dividido em três etapas: mapeamento estratégico, detalhamento de tópicos e revisão de resultados. É precedido pelo planejamento do processo e seguido pela implementação dos resultados, como mostra a Figura 2.

Na **atividade de planejamento** são definidos: os participantes, o foco da aplicação, as adaptações do processo padrão e a necessidade de trabalho

FIGURA 2 Visão geral do processo de roadmapping do S-Plan

Fonte: Adaptação da referência 1.

preparatório para o workshop. Quanto ao tamanho da equipe de execução, em geral são convidadas entre 15 e 25 pessoas para participar do processo, dependendo da abrangência da aplicação. Em relação à duração do workshop, a proposta original do *S-Plan* sugere que o desenvolvimento seja feito em um único dia, pois o intuito é promover uma inicialização rápida do roadmapping na organização.[1,2] Apesar de essa ser a duração proposta no processo padrão, a execução das etapas previstas pode compreender, na prática, um período maior e vários workshops, como ilustram os exemplos apresentados neste capítulo. O contexto em que o roadmapping é utilizado, o escopo da aplicação e a quantidade e a disponibilidade de participantes são alguns dos fatores que podem influenciar na adaptação do processo padrão.

Independentemente da duração planejada, deve-se prezar pelo tempo despendido durante o workshop. Assim, ações preparatórias devem ser feitas antes do início do workshop, incluindo o envio de documentos para os participantes e o pré-preenchimento da arquitetura do roadmap que será usado na primeira etapa.

As etapas do workshop do S-Plan são as seguintes:

1) **Mapeamento estratégico:** nessa etapa a arquitetura do roadmap é utilizada para capturar as visões dos participantes sobre a unidade de análise e para identificar, agrupar e priorizar os tópicos estratégicos.

2) **Detalhamento de tópicos:** nessa etapa os tópicos priorizados anteriormente são explorados por pequenos grupos usando-se uma arquitetura simplificada do roadmap. Esses grupos devem criar propostas de objetivos e ações para a organização.

3) **Revisão dos resultados:** nessa etapa os roadmaps de tópicos são apresentados para discussão envolvendo todos os grupos. Então, as propostas criadas são revisadas e consolidadas.

A diferença entre o roadmap usado na etapa de mapeamento estratégico e o roadmap criado para um tópico específico na etapa de detalhamento de tópicos é ilustrada na Figura 3. A arquitetura do roadmap usado na primeira etapa é maior (por exemplo, quatro folhas A0) e mais completa em termos de informações do que a arquitetura do segundo roadmap, que é menor (uma folha A0, por exemplo), mais simples e focada nas camadas básicas de mercados, produtos e tecnologias.

FIGURA 3 Diferenças entre os roadmaps criados nas etapas de mapeamento estratégico e de detalhamento de tópicos do S-Plan

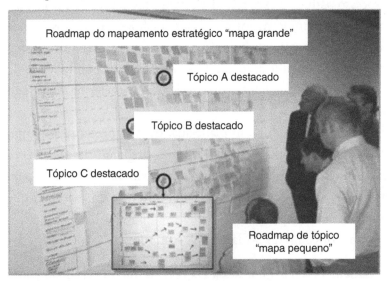

Fonte: Adaptação da referência 1.

Nas próximas seções, essas três etapas do S-Plan são detalhadas com a ajuda de um exemplo ilustrativo de uma instituição de pesquisa e desenvolvimento (P&D) do setor de saúde.*

---

* Esse exemplo foi adaptado e expandido da referência 3.

Apresentação do exemplo ilustrativo do S-Plan

Este exemplo de roadmapping foi desenvolvido em uma organização do setor de saúde voltada para pesquisa e desenvolvimento tecnológico. Nessa organização, assim como ocorre em outras instituições de pesquisa, o alto nível de especialização dos funcionários resulta em áreas com interesses diferentes, o que traz desafios para a realização de trabalhos colaborativos. Por causa dessa necessidade de alinhamento organizacional, um programa institucional denominado PND (Programa Novos Desenvolvimentos) foi iniciado em um setor industrial considerado estratégico para a organização. Esse programa tinha como objetivo criar uma visão compartilhada entre as áreas de P&D e capacitar o trabalho colaborativo em projetos futuros.

O primeiro passo foi criar canais de comunicação no PND, a fim de estabelecer uma linguagem comum entre os envolvidos. Nesse sentido, funcionários da instituição de pesquisa, juntamente com uma equipe de cinco facilitadores externos e uma empresa especializada em biotecnologia, propuseram um projeto de estruturação para o PND. Esse projeto buscava incentivar a reflexão dos envolvidos sobre sinergias entre as competências da organização e a exploração de oportunidades de inovação.

O roadmapping foi escolhido como a abordagem adequada para esse projeto, em virtude da sua capacidade para apoiar atividades de exploração estratégica. Por meio dele seria possível organizar o trabalho colaborativo dos participantes e criar uma referência comum para a realização do PND. Em resumo, a aplicação do roadmapping tinha como objetivo definir estratégias de inovação para o programa. Outros resultados buscados incluíam o mapeamento das competências do grupo, a introdução de conceitos e ferramentas relativos à análise dos ambientes externo e interno e a capacitação dos participantes para a melhoria contínua do processo de formulação das estratégias de inovação.

Devido à relevância estratégica do projeto, a própria diretoria da instituição foi designada como "dona do processo". O vice-diretor de gestão foi designado coordenador e um dos 23 pesquisadores envolvidos foi escolhido como subcoordenador, cuja função era garantir a realização das atividades pelos demais participantes.

As duas primeiras etapas do S-Plan (mapeamento estratégico e detalhamento de tópicos) foram realizadas nesse caso em uma série de pequenos workshops, de aproximadamente duas horas cada. Essa programação dividida em vários workshops foi necessária porque uma grande quantidade de pessoas e diversas competências estariam envolvidas na execução do roadmapping.

1.1. Etapa de mapeamento estratégico

Essa etapa começa com apresentações rápidas das visões dos participantes em relação à unidade de análise. Para agilizar as apresentações, uma página contendo a arquitetura do roadmap pode ser enviada previamente para que cada participante possa formular sua visão com antecedência. Os facilitadores devem controlar o tempo de apresentação de cada participante, podendo, inclusive, priorizar a apresentação de algumas visões específicas, como a comercial e a técnica. Além disso, os participantes são incentivados a escrever em notas adesivas quaisquer ideias que tiverem durante as apresentações, já que elas podem ser úteis posteriormente.

Em seguida, é realizada a coleta de informações por meio do preenchimento das camadas do roadmap, de cima para baixo. Assim, primeiro é preenchida a camada de mercado/negócio, depois a de produto/serviço e, por fim, a de tecnologia/recurso. Essa atividade envolve um brainstorming para incluir as visões dos participantes e uma priorização dos tópicos mais importantes. Na segunda e terceira camadas, os participantes devem identificar não só os elementos internos, mas também as ligações existentes entre as camadas.

Como resultado, os tópicos mais importantes são identificados e passam a ser o foco dos trabalhos na próxima etapa do processo. A priorização dos tópicos pode ser feita de várias formas:

- Com o agrupamento das informações similares, o que pode acontecer naturalmente com o uso da arquitetura do roadmap. As informações

também podem ser agrupadas dentro de cada camada, desde que suas posições originais no roadmap não sejam perdidas.
- Com a indicação de tópicos específicos, permitindo aos participantes, por exemplo, que destaquem no mapa as oportunidades e ameaças mais importantes. Isso pode ser feito com o uso de uma nota adesiva com forma diferente, como mostrado pelas setas largas que apontam para os tópicos destacados na Figura 3.
- Com a votação por pontos, na qual uma quantidade limitada de adesivos de votação (por exemplo, adesivos em forma de círculos) é fornecida aos participantes para que eles marquem os tópicos de acordo com um critério de avaliação. Dessa forma, uma maior quantidade de adesivos é colocada nos tópicos considerados mais importantes. Se uma abordagem de seleção mais consistente for necessária, podem ser aplicados métodos de avaliação de projetos e seleção de portfólio.*

Exemplo ilustrativo da etapa de mapeamento estratégico do S-Plan

Na realização dessa etapa, os participantes do processo foram divididos em equipes de acordo com os seus conhecimentos sobre quatro doenças consideradas áreas de atuação prioritárias pela organização (semelhantes a "unidades de negócios"), de forma que fosse feito um mapeamento estratégico para cada uma delas. Em média, 10 pesquisadores foram escolhidos para cada doença, e que alguns foram envolvidos em mais de uma equipe. Além disso, dois integrantes de cada equipe foram selecionados para liderar os demais e representá-los quando necessário. Assim, foram realizados quatro workshops (um para cada doença). Um dos roadmaps estratégicos criados é apresentado na Figura 4.

---

* Mais informações sobre ferramentas para avaliação de projetos e de portfólio nos itens 1.2 e 1.3 do Capítulo 5.

FIGURA 4 Roadmap estratégico do exemplo ilustrativo do S-Plan

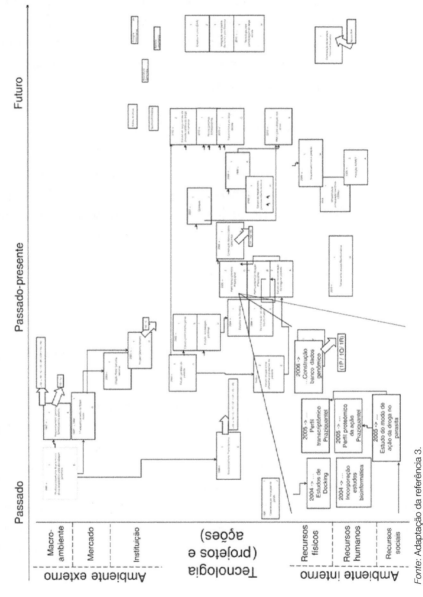

Fonte: Adaptação da referência 3.

A dimensão temporal seguida nos roadmaps deste exemplo foi dividida em passado, passado-presente e futuro, refletindo os seguintes fatos:

- *Passado*: alguns projetos que não eram mais realizados poderiam influenciar a estratégia de inovação atual e futura da organização e talvez devessem ser retomados.

- *Passado-presente*: vários projetos em andamento estavam correlacionados com projetos passados ou iniciadas no passado.

- *Futuro*: os objetivos de desenvolvimento a serem seguidos pelos pesquisadores no futuro deveriam estar relacionados com os objetivos atuais.

As camadas foram divididas por categorias da seguinte forma: na camada superior ficaram os fatores relacionados com o ambiente externo (isto é, mercados e negócios); na camada inferior, os fatores relacionados com o ambiente interno (isto é, recursos); e, na camada intermediária, o valor entregue pela organização, o qual, por se tratar de uma instituição de pesquisa tecnológica, era representado pelas tecnologias desenvolvidas (e não produtos ou serviços).

A camada do ambiente externo foi ainda separada nas seguintes subcamadas:

- *Macroambiente*: referente a informações como tendências e direcionadores da pesquisa básica internacional, renovação do interesse por produtos naturais, evolução de ferramentas moleculares, entre outras.

- *Mercado*: referente às informações sobre o setor de saúde, como o investimento das indústrias farmacêuticas em doenças específicas e a inexistência de formulação infantil para algumas doenças.

- *Instituição/órgão*: referente à organização. Inclui, por exemplo, as diretrizes para o trabalho da equipe, o uso de tecnologias digitais para o rastreamento de novos compostos químicos e a constituição de um banco de reserva de materiais químicos.

De maneira semelhante, a camada do ambiente interno foi dividida em subcamadas para os três tipos de recursos considerados críticos pela equipe responsável: físicos (equipamentos), humanos (contratações) e sociais (parcerias).

Com base no agrupamento das informações com conteúdo similar, quatro áreas de expertise – por exemplo, a área de ensaios biológicos – foram avaliadas como prioritárias (tópicos prioritários). Assim, essas seriam detalhadas a fim de definir as estratégias de inovação relativas às doenças analisadas.

1.2. Etapa de detalhamento de tópicos

O propósito dessa segunda etapa é explorar os tópicos priorizados durante o mapeamento estratégico. Para isso são formados grupos multifuncionais reduzidos (com até quatro pessoas), capazes de se auto-organizar e de trabalhar de forma criativa. Também é recomendado usar a mesma proposta de arquitetura de roadmap seguida na etapa anterior, porém agora desconsiderando as subcamadas, caso estas existam. Um segundo documento pode ser utilizado para coletar as lições aprendidas, os comentários ou outras informações relevantes, e pode ter o mesmo conteúdo usado em um plano de negócio ou em uma proposta de pesquisa, conforme mostrado na Figura 5.

Os novos grupos iniciam essa etapa revisando e resumindo direcionadores, restrições e premissas colocados no mapa estratégico e que sejam relacionados com seu tópico de detalhamento (Passo 1 da Figura 6). Em seguida, definem a visão e os objetivos de longo prazo para o tópico analisado (Passo 2) e traçam as estratégias de inovação a serem adotadas para alcançá-los a partir da situação atual (Passos 3 e 4). Por fim, as lições aprendidas são coletadas e discutidas para apoiar a identificação de riscos, oportunidades, pontos de decisão, lacunas de conhecimento etc. (Passo 5).

FIGURA 5 Exemplo de documento para auxiliar a coleta de informações na etapa de detalhamento de tópicos do S-Plan

Caso de negócio & considerações iniciais	Tecnologia principal:		Prazos:	

Necessidade tecnológica	Existe oportunidade global de mercado para:
Porque devemos executar? Impacto da tecnologia nas aplicações com potencial global de mercado	
Especificar resultados e prazos necessários	Ela será entregue por:
Estágio atual de disponibilidade e maturidade da tecnologia – capacidade para desenvolver e explorar	
Lacunas críticas	
Principais viabilizadores	Lacunas de inteligência mercado/tecnologia
Principais barreiras	
Principais ações	

Fonte: Adaptação da referência 2.

FIGURA 6 Passos para a construção dos roadmaps de tópico no S-Plan

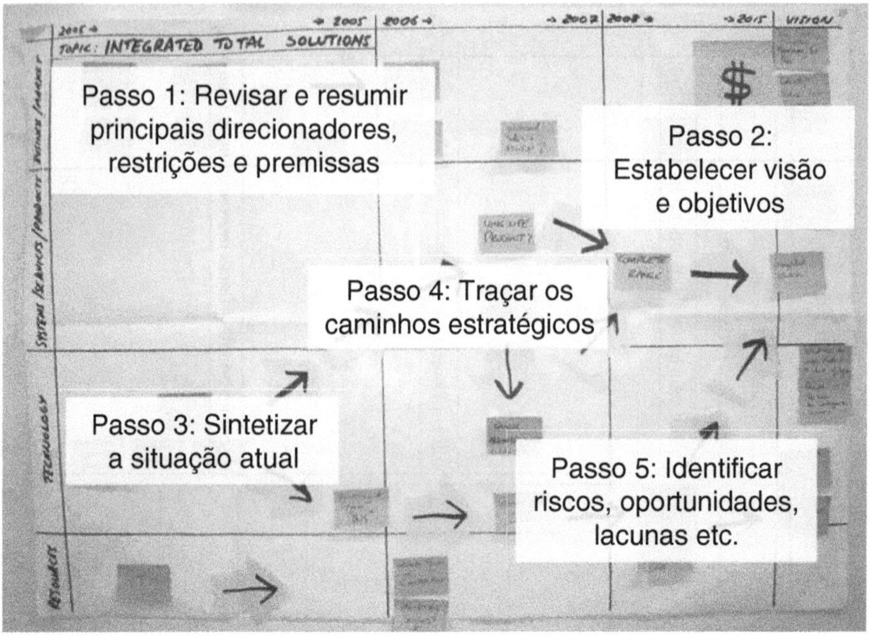

Fonte: Adaptação das referências 1 e 2.

Exemplo ilustrativo da etapa de detalhamento de tópicos do S-Plan

No início da etapa de detalhamento de tópicos, as tarefas que deveriam ser realizadas foram explicadas aos participantes do PND e foram criados os grupos que cuidariam de cada um dos tópicos selecionados. Neste exemplo, os novos grupos para o detalhamento de tópicos foram formados a partir da competência que os participantes tinham nas quatro áreas de expertise consideradas críticas para a análise das doenças. O roadmap de tópico criado nessa etapa para o grupo da área de ensaios biológicos é mostrado na Figura 7. No mapa, que tem caráter ilustrativo, são descritos os resultados referentes a camada de tecnologia para os Passos 2, 3 e 4.

FIGURA 7 Roadmap de um tópico do exemplo ilustrativo do S-Plan

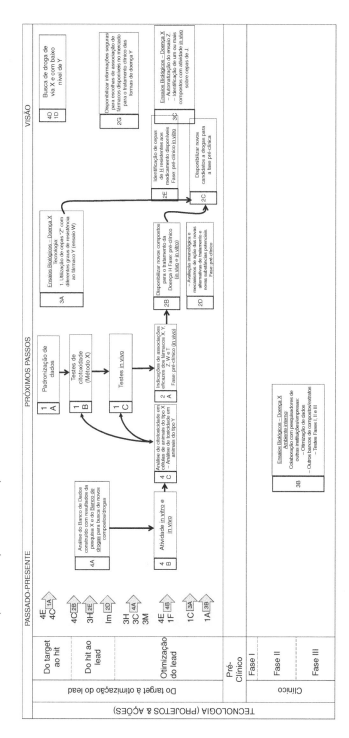

Em relação à arquitetura original, esse roadmap teve as camadas de ambiente externo e de recursos reduzidas e a camada de tecnologia subdividida de acordo com as fases do processo usado na instituição para o desenvolvimento de novas tecnologias. Essa divisão foi feita com o intuito de identificar em quais fases a organização se destacava pelas suas competências. Os participantes não precisaram seguir rigorosamente a nova arquitetura, mas ela serviu para orientar o mapeamento e contribuiu para constatar em quais fases a especialidade da instituição estava localizada.

Em relação à dimensão de tempo, o futuro foi dividido em "próximos passos", que mostravam a ligação com o presente, e em "visão", que indicava ações futuras, mas não necessariamente vinculadas às atividades atuais. Por fim, os resultados do detalhamento das áreas de expertise foram compilados para uso na próxima etapa.

1.3. Revisão dos resultados

Nessa etapa, cada um dos grupos responsáveis pelos roadmaps de tópicos deve apresentar seus resultados para discussão, viabilizando a contribuição dos outros participantes do processo. Com isso, todos os roadmaps de tópicos são revisados e passam a incorporar uma visão aceita por todos. A definição de objetivos e ações é uma atividade essencial do S-Plan nessa etapa. Essa deve acontecer mesmo se o processo estiver sendo aplicado pela primeira vez ou se for uma aplicação pontual, que visa solucionar um problema específico. Assim, os resultados obtidos a partir da discussão dos roadmaps de tópicos devem ressaltar os objetivos e ações.

Ao final dessa etapa, deve ser reservado um tempo para avaliar as atividades realizadas e o processo de roadmapping como um todo. O objetivo nesse momento é identificar as lições aprendidas e propor melhorias para as próximas aplicações da abordagem.

Exemplo ilustrativo da etapa de revisão dos resultados do S-Plan

Os pesquisadores refinaram os resultados obtidos com os mapas e discutiram as possibilidades de interação entre as áreas de expertise (projetos e ações) e de parcerias com outras organizações. As informações consolidadas foram usadas para a elaboração de uma lista de propostas de projetos, ações e parcerias, como ilustra a Tabela 1.

TABELA 1 Lista de projetos, parcerias e ações do exemplo ilustrativo do S-Plan

tipo	Descrição
Parceria	Buscar organização para investigação de mecanismos de ação
Ação	Fornecer material químico para proteção
Ação	Padronização de linhagens de material para testes
Projeto	Análise do banco de dados para busca de novos compostos
Ação	Padronização dos ensaios *in vitro*
Projeto	Tipo de ensaio A
Ação	Utilização do material B *in silico*
Ação	Avaliar a utilização do ensaio A no teste funcional

Essa lista foi considerada um resultado de sucesso do roadmapping para a organização. Além disso, manifestações positivas de vários participantes reforçaram o sucesso da abordagem, como: "Estamos gostando do processo, pois ele aumentou a integração entre as pessoas"; "A condução dos trabalhos foi bem planejada e as discussões, produtivas e estimulantes"; "Foi um momento riquíssimo para o autoconhecimento do grupo. A dinâmica foi muito proveitosa. A capacidade do grupo para escutar e sintetizar as ideias foi marcante".

Por fim, os resultados alcançados com a aplicação do roadmapping motivaram o início de um trabalho de exploração das oportunidades de interação identificadas entre os pesquisadores das diferentes áreas.

2. Outros exemplos de aplicação do S-Plan

Nesta seção são mostrados mais quatro exemplos* de aplicação do roadmapping para a definição de estratégias de inovação, todos seguindo a proposta do S-Plan, mas com diferenças na forma de condução das atividades e na arquitetura do roadmap. As modificações existentes nestes exemplos foram feitas para que o processo pudesse atender às características de cada caso. Os exemplos 1 e 2 envolvem uma única organização e os exemplos 3 e 4 envolvem diversas organizações de um ou mais setores industriais.

Exemplo 1: empresa de dispositivos mecânicos

Este caso foi realizado em uma empresa de manufatura que desenvolve e produz dispositivos mecânicos para injeção plástica de alta precisão. A motivação para a aplicação do roadmapping surgiu da necessidade de aumentar o volume de investimentos em pesquisa e desenvolvimento, a fim de viabilizar o crescimento do negócio por meio da inovação tecnológica.

Um workshop de um dia foi realizado, do qual participaram 15 gerentes seniores, vindos em sua maioria da área comercial e da área técnica. Foi adotada uma abordagem concentrada no mapeamento estratégico da visão de longo prazo da organização, considerando um horizonte de 10 anos a partir da incorporação das tecnologias, como mostrado na Figura 8. Após a exploração da visão de longo prazo, a organização identificou e registrou sua posição atual para as perspectivas relacionadas, as quais foram descritas por meio da arquitetura do roadmap (negócio/mercado, produto/capacidade, tecnologia e organização). Com isso, os desafios estratégicos e as ações que deveriam ser realizadas foram contemplados.

---

* Os exemplos foram extraídos e adaptados da referência 2

FIGURA 8 Roadmap estratégico da empresa de dispositivos mecânicos

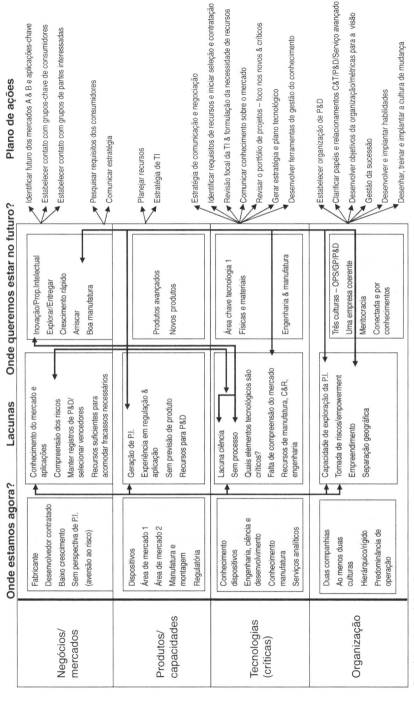

Fonte: Adaptação da referência 2.

Após um ano, a estratégia elaborada no roadmap foi revisada em um workshop de dois dias, do qual participaram 25 pessoas. O propósito agora era revisar e alinhar os planos de cada perspectiva (camada) tratada na arquitetura com a estratégia atual do negócio. No primeiro dia, o roadmap foi revisado seguindo a abordagem "puxada pelo mercado" (*market-pull*) e buscou explorar as implicações da estratégia de negócio em cada uma das camadas. No segundo dia, os participantes foram divididos em pequenos grupos para rever as informações do primeiro dia e para desenvolver uma proposta mais detalhada das perspectivas. Esses resultados foram apresentados para todo o grupo, quando foram discutidos problemas e riscos, e foi definido um único plano de ação para as diferentes áreas da organização.

Exemplo 2: empresa de embalagens

Este caso foi desenvolvido em uma empresa de embalagens de grande porte que cresceu por meio de aquisições e tem seu centro de pesquisa corporativo oriundo de um dos seus negócios originais. Esse centro atuava em novos desenvolvimentos e na solução de problemas por meio de projetos que eram financiados pelas demais unidades de negócios.

A empresa apresentava falta de alinhamento entre os objetivos das unidades de negócio (que focavam no curto e no médio prazos) e os investimentos de longo prazo feitos em pesquisas. Algumas discussões sobre potenciais desenvolvimentos de tecnologias que não foram aprovados pelas unidades de negócio geraram questionamentos sobre a função do centro de pesquisas nas decisões de cada unidade e preocupações acerca da alocação dos recursos financeiros.

Foram então realizados workshops de dois dias nas unidades de negócio da empresa, reunindo funcionários da unidade em questão e também do centro de pesquisa. Nesses workshops, a perspectiva comercial foi apresentada pela unidade de negócio, e a perspectiva tecnológica, pelo centro de pesquisas. Em cada unidade de negócio, três pessoas trabalharam para planejar e executar os workshops e para garantir que os resultados fossem seguidos na unidade de negócio e no centro de pesquisas. Como resultado, esperavam-se o realinhamento dos programas de pesquisa e o desenvolvimento de novos produtos e processos. Essas três pessoas eram:

- *Um gerente sênior do centro de pesquisas*, responsável pela interface com a unidade de negócio e pelo apoio ao processo. Teve como missão gerar comprometimento na unidade e selecionar os especialistas técnicos, de forma a garantir que os resultados fossem aplicados efetivamente no centro de pesquisa.
- *Um gerente geral da unidade de negócio*, que seria, no final, o dono dos roadmaps desenvolvidos em cada workshop. Esses roadmaps continham a descrição das oportunidades de inovação e das opções estratégicas. Essa pessoa tinha por objetivo garantir que os objetivos do negócio estavam claros e também selecionar os funcionários da área comercial, de desenvolvimento e gerencial para participarem do workshop.
- *O facilitador*, que conhecia a abordagem do roadmapping, ajudava na preparação e coordenação do processo e na condução dos workshops. Essa função foi feita por uma pessoa externa nos três primeiros workshops, sendo transferida aos poucos para alguém do centro de pesquisa.

O resultado em cada unidade de negócio foi a identificação de um conjunto de oportunidades de inovação e de opções estratégicas. Também foram elaborados planos de ação com uma explicação das tecnologias necessárias para viabilizá-los. As prioridades definidas no processo de roadmapping foram comparadas com o portfólio de pesquisas existente. Quando os programas atuais coincidiam com as prioridades definidas para a unidade de negócio, eles eram fortalecidos e, quando eventuais lacunas eram notadas, os orçamentos eram realocados. Os projetos sem ligação com as necessidades do negócio foram descontinuados.

Em relação aos benefícios, o processo de roadmapping originou uma nova estratégia de inovação para as unidades de negócio e, portanto, definiu novos objetivos a serem buscados. O orçamento corporativo de pesquisas foi revisto, sendo direcionado de acordo com as necessidades futuras da empresa. O processo criou relações mais fortes entre as unidades de negócio e o centro de pesquisa e também melhorou a utilização das tecnologias.

Exemplo 3: área de metrologia e normalização

O roadmapping para a área de metrologia e normalização de tecnologias emergentes foi desenvolvido para identificar tecnologias e tópicos de pesquisa relacionados com o tema e que fossem úteis para vários setores industriais. Oito workshops de um dia foram realizados, cada um com foco em um setor distinto: transporte ambientalmente amigável, ambiente seguro, consumo e produção sustentáveis, tecnologias energéticas emergentes, saúde e biociência, mundo inteligente conectado, projeto, engenharia e manufatura avançada, e ambiente construído. No total, mais de 100 pessoas foram envolvidas no processo, incluindo membros da indústria (grandes e médias empresas), das associações comerciais, das universidades e do setor público (agência e departamentos do governo, bem como redes de pesquisa). O resultado obtido em um desses workshops é ilustrado na Figura 9, que apresenta o roadmap estratégico para o setor de transporte ambientalmente amigável.

As relações entre elementos de diferentes camadas do roadmap foram representadas separadamente, por meio de matrizes de correlação. As relações entre as subcamadas das áreas de aplicação prioritárias (colunas) e os elementos da camada "base de conhecimento" (subcamadas nas linhas), por exemplo, são explicitadas na matriz mostrada na Figura 10.

Uma consulta adicional à comunidade interessada no mapeamento permitiu que os resultados fossem avaliados e refinados. Além disso, os resultados finais foram publicados na internet* para incentivar sua disseminação e comentários.

---

* www.technology-roadmaps.co.uk.

FIGURA 9 Roadmap estratégico do setor transporte ambientalmente amigável

	Passado 2006	Curto prazo (5 anos)	2011 Médio prazo (10 anos)	2016 Longo prazo (+20 anos) 2026 Visão
Tendências e direcionadores	• Social • Tecnológica • Econômica • Ambiental • Política	4. Aumento no volume de viagens e expectativa de mobilidade 8. Otimização e aplicação de tecnologias existentes 12. Gestão do ciclo de vida – reciclagem 3. Redução de ruídos/regulação social 1. Metas de redução de emissão de gases efeito estufa – Kyoto/regulação 2. Metas de redução de poluentes (NOx, partículas etc.)	5. Aumento nos problemas de trânsito 7. Desenvolvimento de combustíveis alternativos 6. Aumento no custo das energias 11. Indústria aeronáutica ambientalmente correta	9. Conscientização dos impactos ambientais 10. Medidas universais para emissões
Aplicações	• Tecnológica • Impacto ambiental reduzido • Combustíveis alternativos • Outros	1. Materiais avançados (baixo peso, estrutura, catalisadores) 8. Sistemas de controle internos (controle total do veículo) 2. Pedágios — 11. Mapeamento de ruído — 5. Sistemas de controle de tráfego 4. Biocombustíveis 9. Indicadores para comparação do impacto ambiental 6. Reutilização de materiais no fim de vida	10. Fluidos mecânicos para melhor eficiência do motor 3. Melhores sensores para desenvolvimento de novos produtos 7. Rede de controle em tempo real 4. Células de combustível	4. Combustível e infraestrutura H2 9. Medidas universais para emissões
Base de conhecimentos	• Engenharia • Materiais • Físicos • Radiação iônica • Química e biologia • Software ara metrologia	Aerodinâmica Temperatura Ruído – caract. e mapeamento — Compósitos e adesivos estrutura e superfície Gás partículas — Exaustor NO2 — Redutor ruído GPS — Fusão de dados	Compósitos nano micro & superfície Fonte biocombustível Sensores confiáveis e baixo custo Monitoramento células combustível Validação controle	Sensores em condições risco — Auto-diag. — Sensor fusão Sensor H2 Catalisador

Fonte: Adaptação da referência 2.

FIGURA 10 Relações entre camadas do roadmap estratégico do setor de transporte ambientalmente amigável

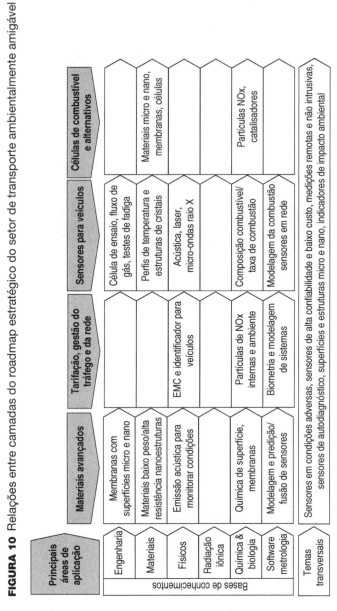

Fonte: Adaptação da referência 2.

Depois desses workshops foi realizado mais um evento, com foco nos temas transversais e na busca de eventuais sinergias, em termos de metrologia e de normalização. Os resultados obtidos foram comparados com os workshops dos oito setores. Isso foi possível devido ao uso de arquiteturas de roadmap consistentes e de técnicas estruturadas de workshop para todos os setores. Esse projeto viabilizou o reposicionamento e o alinhamento dos programas de pesquisa das várias organizações envolvidas.

Exemplo 4: setor automotivo

Este exemplo é resultado de uma iniciativa de roadmapping ativa por mais de 10 anos e que tem garantido o desenvolvimento de tecnologias no setor automotivo britânico. Mais de 100 projetos individuais foram criados, abrangendo uma grande quantidade de processos de manufatura e de conceitos de produtos.

Uma parte importante dessa iniciativa ocorreu em 2002, quando foram identificadas cinco áreas tecnológicas que poderiam se beneficiar de uma rede colaborativa formada pelas organizações participantes. O processo para a construção da primeira versão do roadmap estratégico incluiu 10 workshops feitos em um período de 10 meses, do qual participaram mais de 130 pessoas de 60 organizações (indústria, academia e governo). A Figura 11 mostra uma versão resumida do roadmap para a área tecnológica intitulada "veículos híbridos, elétricos e com outros combustíveis alternativos".

Um dos desafios de um processo de roadmapping extenso como esse é a apresentação das informações no relatório final. Nesse caso, as arquiteturas de roadmap utilizadas nos workshops definiram a base para a estruturação do relatório. Em seguida, os resultados dos workshops (mostrados como ícones no lado esquerdo da Figura 12) foram usados para criar visões de uma página (ver lado direito da Figura 12) para os 28 temas priorizados nos workshops, os quais foram colocados como anexos do

FIGURA 11 Roadmap estratégico do setor automotivo resumido para a área tecnológica relativa a veículos híbridos, elétricos e com outros combustíveis alternativos

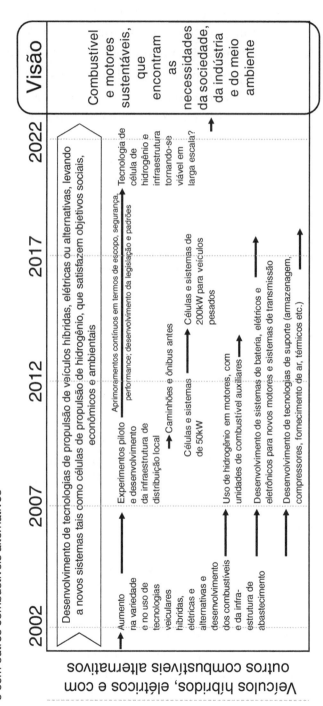

Fonte: Adaptação da referência 2.

FIGURA 12 Organização do relatório final no *roadmapping* do setor automotivo

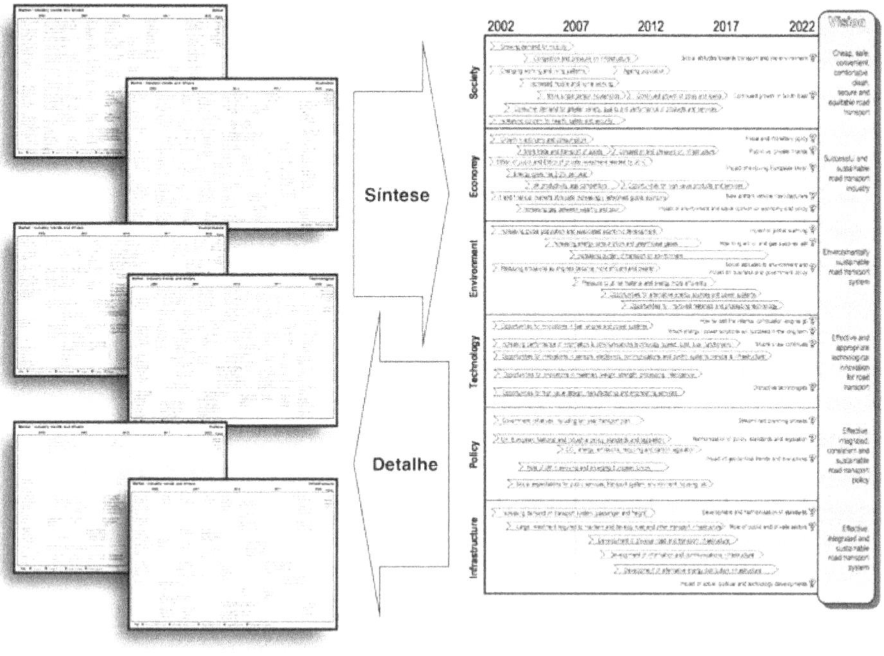

Fonte: Adaptação da referência 2.

relatório. Dessa forma, as informações foram organizadas e revisadas com o propósito de representar a evolução esperada para os temas. Essas novas descrições dos temas foram incluídas no corpo principal do relatório e novos diagramas foram criados para ilustrá-las, o que criou um resumo do conteúdo. No final, o corpo principal do relatório foi revisado e foi feito um sumário executivo.

Esse roadmap tem sido amplamente aceito e disseminado, tornando-se uma referência no setor automotivo britânico e internacional.

3. Resumo do capítulo

Neste capítulo foram apresentadas informações para auxiliar o leitor na aplicação do roadmapping para a definição de estratégias de inovação.

Nesse sentido, o S-Plan, um processo de roadmapping que foi criado para esse tipo de aplicação, teve suas características, etapas e atividades explicadas e exemplificadas.

O processo de roadmapping do S-Plan possui três etapas: mapeamento estratégico, detalhamento de tópicos e revisão dos resultados, as quais são precedidas por uma atividade de planejamento e seguidas pela implementação dos resultados. Nessas atividades, participam o dono do processo e os facilitadores, enquanto para a realização das etapas previstas para o workshop é formada uma equipe de execução multifuncional.

Ao longo da descrição do processo do S-Plan foi apresentado um exemplo de roadmapping realizado em uma instituição de pesquisa e desenvolvimento do setor de saúde. Por meio desse exemplo é possível associar a teoria e a prática do S-Plan, facilitando seu entendimento. Para complementar, foram apresentados mais quatro exemplos, dois envolvendo uma única organização (empresa de dispositivos mecânicos e empresa de embalagens) e outros dois envolvendo diversas organizações (área de metrologia e normalização e setor automotivo). Apesar de seguirem a base do processo proposto pelo S-Plan, esses exemplos ressaltam a flexibilidade que existe no roadmapping, pois possuem várias adaptações em relação ao processo original.

4. Referências

[1] PHAAL, R.; FARRUKH, C.J.P.; PROBERT, D.R. "Strategic Roadmapping: A Workshop-Based Approach for Identifying and Exploring Strategic Issues and Opportunities". *Engineering Management Journal*, v. 19, n. 1, p. 3-12, 2007.

[2] PHAAL, R.; FARRUKH, C.J.P.; PROBERT, D.R. *Roadmapping for Strategy and Innovation: Aligning Technology and Markets in a Dynamic World.* Cambridge: University of Cambridge, 2010.

[3] FREITAS, J.S.; ALMEIDA, J.P.; MELO, J.C.F. SOARES; V.M.O.; CHENG, L.C. "Projeto de um sistema de mapeamento de rota tecnológica (TRM) para a estruturação de um programa de descoberta e desenvolvimento de drogas". In: Anais do XXX Encontro Nacional de Engenharia de Produção (ENEGEP). São Carlos, 2010.

CAPÍTULO 4

Roadmapping para o planejamento de produtos e tecnologias

O objetivo deste capítulo é apresentar as informações necessárias para que o leitor consiga aplicar o segundo tipo de roadmapping considerado neste livro, o roadmapping para o planejamento de produtos e tecnologias (ver seções 5 e 6 do Capítulo 1). Nesse tipo de aplicação, a definição de ações para o processo de inovação é a motivação predominante, e, portanto, sua utilização tem como foco o estabelecimento de metas e requisitos para linhas de produtos e plataformas tecnológicas. Consequentemente, esse tipo de aplicação da abordagem é mais comum no âmbito de uma única organização (corporação ou unidade de negócio). Nesse contexto, ilustrado pela Figura 1, é dado enfoque ao T-Plan,[1,2] que foi apresentado introdutoriamente na seção 3.6 do Capítulo 2 e é um processo de roadmapping projetado especificamente para esse tipo de aplicação.

Assim como foi feito para o S-Plan no Capítulo 3, as etapas e atividades do T-Plan são apresentadas em um nível de detalhamento que permite compreender suas principais características. A utilização do T-Plan

FIGURA 1 O T-Plan como um processo de roadmapping para o planejamento de produtos e tecnologias

é ilustrada por meio de exemplos, que são mostrados durante a descrição das etapas do processo e no final do capítulo.

Todos esses exemplos seguem a proposta do T-Plan, mas, ainda assim, apresentam diferenças entre si e em relação ao processo padrão. Como dito anteriormente, recomenda-se a adoção do formato padrão nas primeiras tentativas de aplicação do roadmapping. Depois de algum tempo, a experiência adquirida com o uso da abordagem permitirá que sejam feitas adaptações como as que foram feitas nos exemplos descritos neste capítulo.

1. Processo exemplificado do t -Plan

O T-Plan é realizado por meio de workshops que envolvem pessoas de diferentes áreas da organização e que buscam o desenvolvimento de um roadmap para uma linha, família ou plataforma de produtos e/ou tecnologias. O processo do T-Plan está centrado em quatro workshops: mercado, produto, tecnologia e construção do roadmap. Eles são antecedidos pelo planejamento do processo e seguidos pela implementação dos resultados, como mostrado na Figura 2.

FIGURA 2 Visão geral do processo de roadmapping do T-Plan

Fonte: Adaptação da referência 1.

1.1. Atividade de planejamento do processo

Essa atividade analisa os interesses e objetivos da organização e como o processo de roadmapping pode atendê-los. Para isso, são considerados os seguintes aspectos: unidade de análise, participantes, adaptações no processo padrão e necessidade de trabalho preparatório para os workshops. A unidade de análise do T-Plan encontra-se normalmente nas linhas, famílias ou plataformas de produtos e/ou tecnologias. Por sua vez, a equipe de execução deve ser multifuncional, incluindo no máximo 10 pessoas.

Os facilitadores e o dono do processo podem modificar o processo para melhor atender aos objetivos da organização. Essas alterações incluem a forma de execução dos workshops e também a arquitetura do roadmap. Em sua forma padrão, o T-Plan propõe que os workshops tenham uma duração de meio período (4 horas) e que sejam distribuídos semanalmente. Porém, essa programação é muitas vezes modificada para atender às necessidades da empresa. A arquitetura de roadmap indicada no T-Plan é a arquitetura dividida nas camadas de mercado/negócio, produto/serviço e tecnologia, reapresentada na Figura 3. Além das camadas, a dimensão de tempo do roadmap é algo que deve ser discutido e definido de acordo com as características de curto, médio e longo prazos da unidade de análise.

FIGURA 3 Arquitetura de roadmap indicada no T-Plan

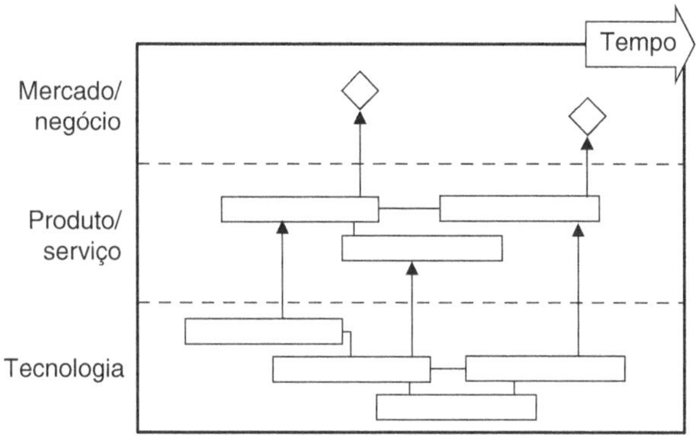

Fonte: Adaptação da referência 1.

Os facilitadores devem preparar e comunicar as atividades de cada workshop antecipadamente à equipe de execução. Todas as informações necessárias para a realização dos workshops devem ser identificadas e previamente coletadas, incluindo planos estratégicos, relatórios de inteligência de mercado, especificações de produtos, entre outros. Essas informações devem ser estudadas pela equipe de execução antes do início dos workshops, a fim de evitar a leitura durante as atividades de desenvolvimento e facilitar a discussão em grupo.

Exemplo ilustrativo da atividade de planejamento do T-Plan

Este exemplo de roadmapping com base no processo do T-Plan foi adaptado de um estudo feito em uma empresa de alta tecnologia que desenvolve produtos químicos.* O interesse na utilização do roadmapping surgiu da necessidade de lançamento de novos produtos em uma linha de produto delimitada por uma plataforma tecnológica. As funcionalidades já disponibilizadas por essa plataforma traziam oportunidades para a adição de novos produtos em mercados nos quais a empresa já atuava e também em novos mercados. Devido a essa característica, este exemplo aborda uma estratégia "empurrada pela tecnologia", como discutido na seção 2 do Capítulo 1.

O dono do processo foi o diretor executivo da empresa, o que facilitou a formação de uma equipe de execução adequada para as necessidades da iniciativa. Houve a participação de um facilitador externo com conhecimento na abordagem de roadmapping para guiar a equipe ao longo dos workshops. A equipe tinha como membros: o diretor comercial, o diretor de pesquisa e desenvolvimento, o diretor financeiro e um engenheiro de produto, o qual também auxiliava o facilitador na preparação dos workshops.

A unidade de análise considerou um segmento específico de mercado no qual a empresa apresentava maiores chances de lançar novos produtos. Para a definição dessa unidade de análise foram feitas discussões estratégicas entre os diretores

---

* Este exemplo foi adaptado da referência 3.

antes do início dos workshops. Alguns dos critérios usados para a seleção do segmento de mercado foram: tempo para lançamento no mercado, alinhamento com os projetos em andamento e com as competências da organização, variabilidade dos requisitos dos clientes no segmento, acesso a informações de mercado e dimensão da oportunidade de negócio.

Inicialmente os workshops foram programados para serem realizados semanalmente, com uma duração de quatro horas cada um, conforme sugerido pelo processo padrão T-Plan. Porém, como não existia a possibilidade de se obter a presença dos diretores por mais de duas horas semanais, os workshops foram divididos em duas sessões e, então, o processo de roadmapping, como um todo, foi planejado para oito semanas. Esse planejamento sofreu alterações durante a execução para atender às necessidades e imprevistos da equipe de execução.

A arquitetura de roadmap adotada neste exemplo foi a padrão, organizada nas camadas de mercado/negócio, produtos/serviços e tecnologia, e com um horizonte de planejamento de três anos. Essa arquitetura foi usada como referência para discussão nos workshops, sendo repensada apenas no workshop de construção do roadmap.

1.2. Workshop de mercado

Neste workshop consideram-se as informações relacionadas com a camada de mercado/negócio do roadmap. Essas informações são resumidas na forma de direcionadores de mercado (ambiente externo) e de direcionadores de negócio (ambiente interno), que representam o "por quê?" ou a motivação que justifica o desenvolvimento dos novos produtos e de novas tecnologias na organização.

No início desse workshop, a unidade de análise deve ser comunicada e compreendida pelos participantes. Isso é feito com a descrição das dimensões de desempenho da linha de produto ou da plataforma tecnológica escolhida. As dimensões de desempenho explicam as principais características do produto e compreendem grupos que correlacionam requisitos de mercado, especificações técnicas e soluções tecnológicas. Podem existir requisitos, especificações e tecnologias que participam simultaneamente em várias dimensões de desempenho. O importante é lembrar que o objetivo do levantamento dessas dimensões é entender o produto e facilitar a discussão sobre o mercado, negócio, especificações técnicas e tecnologias.

Uma dimensão de desempenho de um lápis, por exemplo, é sua escrita. Essa dimensão envolve os requisitos dos clientes em termos de maciez e precisão, os quais estão relacionados com especificações técnicas, como a espessura da ponta e a rigidez do material, e com tecnologias que permitem a entrega dessas especificações, tais como a composição do grafite e o processo de fabricação. Outros exemplos de dimensão de desempenho de um lápis seriam sua ergonomia, atratividade visual e durabilidade.

Depois de entendidas as dimensões de desempenho do produto, são feitas as discussões sobre os direcionadores de mercado e de negócio. Os direcionadores de mercado consideram desde tendências gerais do mercado até necessidades e requisitos específicos dos clientes de cada segmento. Os direcionadores de negócio são identificados a partir dos objetivos estratégicos provenientes do plano estratégico do negócio, da missão e da visão da organização. Assim, é preciso que a equipe conheça essas informações e seja capaz de desdobrá-las em direcionadores para a unidade de análise. Quando muitos membros da equipe desconhecem a estratégia do negócio e da organização, pode ser necessário realizar uma reunião apenas para a discussão desse assunto.

Finalizada a lista de direcionadores de mercado e de negócio, é feita uma análise para verificar a presença de direcionadores semelhantes que podem ser agrupados e de direcionadores que precisam ser divididos para demonstrar com mais exatidão seu objetivo. Após esse nivelamento, o próximo passo é priorizá-los em uma escala de 0 a 10, ou outra escala qualquer que atenda à preferência da equipe, e esclarecer o período de atuação do direcionador. Se a unidade de análise envolver mais de um segmento de mercado ou unidade de negócio, o período de atuação e a priorização podem ser diferentes para cada um desses grupos, pois eles normalmente têm necessidades e objetivos diferentes entre si. Depois de organizada e priorizada, a lista com os direcionadores é documentada para uso nos próximos workshops.

Ao final desse workshop, os membros da equipe devem considerar e indicar as dificuldades enfrentadas em termos de processo e informações. Essas dificuldades são anotadas e analisadas pelo facilitador e também pelo dono do processo, que podem resolvê-las antes do próximo workshop ou arquivá-las para correção na próxima aplicação do roadmapping. A reflexão sobre os problemas ocorridos deve acontecer no final de todos os workshops do T-Plan.

Exemplo ilustrativo do workshop de mercado do T-Plan

Este workshop foi realizado em duas sessões de duas horas, como apresentado na atividade de planejamento. Na sessão inicial foram discutidas as dimensões de desempenho e foram identificados os direcionadores de mercado e de negócio. Na segunda sessão foram feitas a análise, o nivelamento e a priorização dos direcionadores.

Neste exemplo, a unidade de análise envolvia uma linha de produto que, quando misturada ao produto do cliente, agregava uma nova propriedade química ao seu material, tornando-o mais competitivo no mercado. Algumas das dimensões de desempenho dessa linha de produto eram:

- Relação custo/benefício do desempenho da propriedade química oferecida ao cliente.
- Durabilidade da propriedade química depois de aplicada no material do produto do cliente.
- Modo de mistura no material do produto do cliente.
- Normas ambientais de uso pelo consumidor.
- Princípio ativo usado para criar a propriedade química ofertada.
- Tipo de material do produto no qual a propriedade química deve ser aplicada.

Usando essas dimensões como referência, os direcionadores de mercado e de negócio foram identificados, organizados, priorizados e planejados. Alguns exemplos de direcionadores são mostrados na Tabela 1.

TABELA 1 Direcionadores de mercado e de negócio com suas respectivas prioridades e períodos de atuação

Direcionador	Prioridade	Início	término
Negócio – Usar os processos de fabricação disponíveis	Alta	Imediato	2 anos
Negócio – Estar alinhado com a nova estratégia de mercado	Média	1 ano	3 anos
Mercado – Seguir a especificação de interface com o produto do cliente	Alta	Imediato	Sem previsão
Mercado – Proporcionar maior durabilidade ao material do produto do cliente	Média	2 anos	3 anos
Mercado – Ter menor impacto ambiental	Baixa	3 anos	Sem previsão

1.3. Workshop de produto

Nesse workshop são consideradas as informações relacionadas com a camada de produto do roadmap. Tais informações abordam as características técnicas dos produtos, que precisam ser definidas de acordo com os direcionadores de mercado e de negócio. Além dos produtos, nesse workshop também são considerados os serviços que precisam ser planejados e desenvolvidos na organização. Os produtos e serviços representam o "o quê?" e são oferecidos ao mercado para atender às suas necessidades e também para atingir os objetivos do negócio.

No início desse workshop, as características técnicas da linha de produto selecionada são analisadas e organizadas na forma de uma lista, assim como foi feito para os direcionadores no workshop de mercado. Finalizada essa tarefa, as características são divididas em grupos similares, nomeados de áreas técnicas do produto. Essas áreas são conjuntos de características técnicas inter-relacionadas que podem ser agrupadas a fim de facilitar o nivelamento das informações, a comparação entre elas e a identificação daquelas consideradas críticas. Por exemplo, em produtos montáveis essas áreas podem ser as partes do produto que juntas fornecem um tipo de funcionalidade, tais como o sistema de comunicação de um celular ou o sistema de freio de um veículo.

As áreas técnicas do produto são avaliadas em relação ao potencial que têm para suprir os direcionadores de mercado e negócio. Essa avaliação é feita com uma matriz de correlação, como a ilustrada na Figura 4, na qual é utilizada a nota de prioridade dos direcionadores de mercado e de negócio para ponderar a importância das áreas técnicas do produto (para mais informações sobre o uso de matrizes de correlação, ver a seção 2.1 do Capítulo 5). Isto é, quando uma área técnica tiver maior impacto nos direcionadores com maior importância, sua nota aumenta e ela passa a ter mais importância que as outras áreas. No fim da avaliação, as notas das áreas técnicas são normalizadas de acordo com a maior nota obtida, para facilitar a comparação e visualização das áreas críticas.

Em seguida, a equipe de execução estuda as opções estratégicas existentes para o desenvolvimento de novos produtos a partir das áreas técnicas consideradas críticas. Como resultado, são estabelecidas metas de desempenho para as características do produto em cada área. As opções estratégicas envolvem principalmente a análise das possíveis variações da linha de

FIGURA 4 Priorização das áreas técnicas do produto

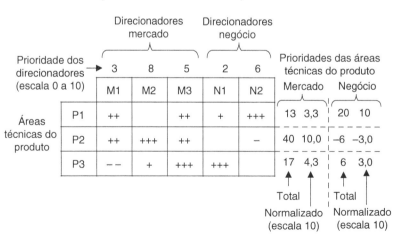

produto no mercado. Por exemplo, a equipe pode definir como estratégia o lançamento de produtos que seguem uma evolução gradativa de funcionalidades ou decidir por lançar duas versões de um produto ao mesmo tempo, uma com funcionalidades básicas e outra com funcionalidades avançadas. Essa análise estratégica é essencial para o planejamento dos produtos e tecnologias. É importante destacar que essa análise tem início nesse workshop, mas termina apenas no workshop de construção do roadmap.

Exemplo ilustrativo do workshop de produto do T-Plan

Esse workshop foi realizado em duas sessões de duas horas, como definido na atividade de planejamento. Na sessão inicial foram levantadas as características técnicas do produto, foram definidas as áreas técnicas e foi feita a avaliação da contribuição das áreas técnicas para os direcionadores. Na segunda sessão foram discutidos os resultados obtidos na avaliação e as opções estratégicas de desenvolvimento.

Os resultados desse workshop são mostrados na Tabela 2. As áreas técnicas foram avaliadas segundo a escala: 1 (baixo), 3 (médio/baixo), 5 (médio), 7 (médio/alto) e 10 (alto), que mede o nível de contribuição da área para cada um dos direcionadores. Essas notas foram multiplicadas pela prioridade de cada direcionador e, então, somadas a fim de formar a nota final da área técnica. Por fim, as notas foram normalizadas na escala de 0 a 10. Deve-se ressaltar que, nesse caso, diferentemente do modelo apresentado na Figura 4, as notas não foram separadas entre os direcionadores de mercado e de negócio por opção da equipe de execução.

TABELA 2 Resultados da avaliação da prioridade das áreas técnicas do produto

Prioridades Direcionadores × áreas técnicas	Alta (3) Fabri- cação	Média (2) Estra- tégia	Alta (3) Inter- face	Média (2) Durabi- lidade	Baixa (1) Ambiental	Nota	Nota norma- lizada
Concentração de material	7	3	1	10	10	60	10,0
Dosagem de mistura	3	5	10	3	1	56	9,3
Efeito químico	1	10	3	3	7	45	7,5

Com base nesses resultados, a equipe pôde compreender quais eram as áreas técnicas prioritárias e, consequentemente, quais características do produto eram mais críticas para os direcionadores de mercado e negócio. Essa informação ajudou na definição das características para um produto básico inicial e também para as próximas versões do produto. Assim, foi planejada a evolução da linha de produto, mantendo sua competitividade atual e atendendo aos direcionadores futuros.

1.4. Workshop de tecnologia

Nesse workshop são consideradas as informações relacionadas com a camada de tecnologia do roadmap. Aqui são identificadas as tecnologias e recursos adicionais (competências, parcerias, investimentos etc.) necessários para viabilizar as características definidas como prioritárias no workshop de produto. Tais tecnologias e recursos representam o "como?": como a organização pretende desenvolver e entregar seus produtos.

No começo desse workshop, os resultados do workshop de produto são usados em dinâmicas exploratórias (brainstormings, pesquisas etc.) que buscam identificar as tecnologias e recursos. Com isso, é criada uma lista de tecnologias, que é então analisada e nivelada por meio do mesmo procedimento aplicado nos outros workshops. O resultado é organizado em grupos de tecnologias ou de recursos similares. Por exemplo, em um celular, os grupos de tecnologia poderiam envolver tecnologias de comunicação sem fio (GPRS, 3G, Wi-fi e Bluetooth) e, em um veículo, os grupos de tecnologia poderiam envolver tecnologias de frenagem (freio ABS, freio a disco e freio à lona).

Em seguida, uma nova avaliação usando matrizes de correlação é efetuada. O propósito agora é priorizar os grupos de tecnologias e recursos a partir das prioridades das áreas técnicas de produto. O processo de cálculo é o mesmo adotado no workshop do produto, mas com as áreas técnicas na posição dos direcionadores e os grupos de tecnologias e recursos no lugar das áreas técnicas. Ao final, tem-se como resultado uma priorização dos grupos de tecnologias e recursos com maior potencial para impactar as áreas técnicas do produto.

Como as áreas técnicas mais importantes também foram priorizadas de acordo com os direcionadores mais relevantes, consegue-se um desdobramento de prioridades ao longo das diferentes camadas do roadmap. Assim, os membros da equipe são forçados a dar mais atenção para as áreas técnicas e grupos de tecnologias e recursos realmente críticos para os direcionadores de mercado e negócio.

É importante notar que essa lógica de desdobramento de importâncias tem origem em outras abordagens para gestão da inovação, principalmente o QFD (*Quality Function Deployment*) e a CPM (*Critical Parameters Management*), que surgiram com o intuito de garantir a qualidade dos produtos.

Exemplo ilustrativo do workshop de tecnologia do T-Plan

Esse workshop foi realizado em uma sessão de três horas, diferentemente do que foi planejado, devido a restrições dos participantes. Nessa única sessão, as tecnologias e recursos foram levantados, organizados, agrupados e, por fim, priorizados. Os resultados obtidos são apresentados na Tabela 3.

TABELA 3 Resultados da avaliação da prioridade das áreas tecnológicas

Prioridades	10,0	9,3	7,5		Nota
Áreas técnicas × grupos de tecnologias e recursos	Concentração de material	Dosagem de mistura	Efeito químico	Nota	normalizada
Materiais inertes	5	7	1	122,6	6,5
Processos de decomposição	7	7	5	172,6	9,1
Ensaios de resistência	5	7	10	190,1	10,0

1.5. Workshop de construção do roadmap

Nesse workshop acontece a transição da etapa de coleta e análise de informações para a etapa na qual a equipe deve estudar o ambiente descrito anteriormente e definir objetivos, metas e ações para os novos produtos e tecnologias. Assim, antes de começar esse workshop, tudo o que foi visto anteriormente é revisado.

Em seguida, a arquitetura do roadmap deve ser desenhada em um mapa físico, que pode ser uma lousa ou folhas de tamanho A0. Em relação ao tamanho, o importante é que o mapa usado consiga comportar a transposição das informações na linha de tempo. A prática mais comum para essa transposição é o uso de notas adesivas. Além disso, sugere-se que as divisões da arquitetura também sejam feitas com notas adesivas, permitindo modificações nos espaços formados pelos cruzamentos das camadas com a linha do tempo, o que ajuda no posicionamento correto das informações. Para finalizar a montagem da arquitetura, são criadas as subcamadas nas camadas de produto e tecnologia, de acordo com as áreas técnicas do produto e os grupos de tecnologias e recursos que foram definidos. Na Figura 5 mostra-se um exemplo da arquitetura do roadmap construída em um mapa.

FIGURA 5 Arquitetura do roadmap construída em um mapa com a ajuda de notas adesivas

		Presente	Curto prazo	Médio prazo	Longo prazo
Mercado/ negócio					
Produto/ serviço	Área 1				
	Área 2				
	Área 3				
Tecnologia	Grupo 1				
	Grupo 2				
	Grupo 3				

A equipe inicia o preenchimento do mapa pela camada superior do roadmap, quando indica a prioridade e o tempo dos direcionadores de mercado e negócio. A seguir, preenche a estratégia de produto que foi concebida no workshop de produto, o que envolve o alinhamento das características dos produtos com as necessidades e os direcionadores ao longo do tempo. Por último, as tecnologias e recursos são adicionados na camada inferior de acordo com as necessidades impostas pelos produtos. Esse processo é ilustrado na Figura 6.

FIGURA 6 Processo de preenchimento do roadmap

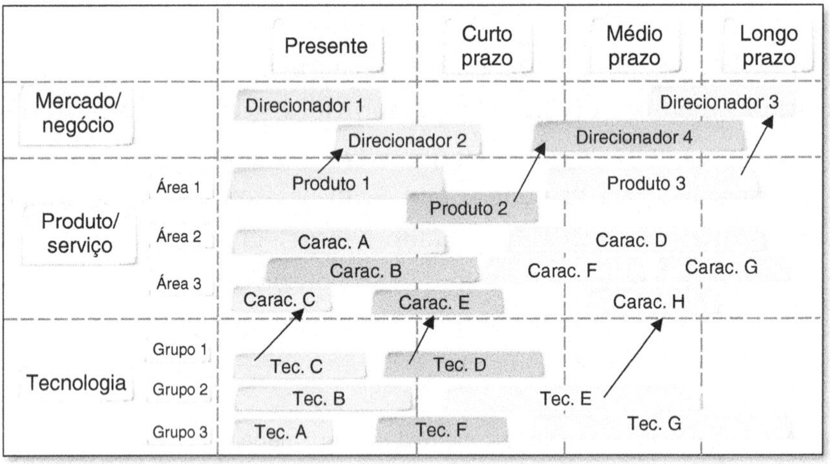

		Presente	Curto prazo	Médio prazo	Longo prazo
Mercado/ negócio		Direcionador 1	Direcionador 2	Direcionador 4	Direcionador 3
Produto/ serviço	Área 1	Produto 1	Produto 2	Produto 3	
	Área 2	Carac. A		Carac. D	
	Área 3	Carac. B		Carac. F	Carac. G
		Carac. C	Carac. E	Carac. H	
Tecnologia	Grupo 1	Tec. C	Tec. D		
	Grupo 2	Tec. B		Tec. E	
	Grupo 3	Tec. A	Tec. F	Tec. G	

Em resumo, o preenchimento do mapa começa pela camada de mercado/negócio, segue para a camada de produto/serviço e conclui na camada de tecnologia. Esse processo de preenchimento pode ser repetido por várias vezes, até ser obtido um resultado que atenda às expectativas da equipe. Mesmo após algumas rodadas de preenchimento, é normal a existência de pontos em aberto na integração entre as camadas. A equipe de execução é a responsável por decidir quando parar.

Em casos nos quais a empresa deseja preparar a inclusão de novas tecnologias nos produtos e no mercado, a lógica de preenchimento pode ser realizada de forma inversa, isto é, primeiro a camada inferior de tecnologia, depois a camada intermediária de produto e, então, a camada superior de mercado. Também é possível existirem ocasiões nas quais a organização tenha de preencher nos dois sentidos, a partir do mercado e das tecnologias. Nesse caso, o preenchimento é mais complexo, mas pode conciliar de forma mais eficiente as oportunidades de mercado tecnológicas.

Exemplo ilustrativo do workshop de construção do roadmap

Esse workshop foi realizado em duas sessões de duas horas, conforme planejado. Antes de iniciar as sessões, o facilitador montou o mapa contendo a arquitetura do roadmap, economizando tempo da equipe de execução. Na primeira sessão, realizou-se o preenchimento das camadas, que começou pela camada superior de mercado/negócio, seguiu pela camada intermediária de produto e terminou com a camada inferior de tecnologia. Na segunda sessão, novas rodadas de preenchimento foram feitas a fim de melhorar a integração entre as camadas e entender os objetivos, metas e ações que deveriam ser definidas para o desenvolvimento dos novos produtos e tecnologias. O roadmap construído nesse workshop é mostrado na Figura 7. As ligações entre as camadas foram feitas com notas adesivas que indicavam a numeração das informações relacionadas.

FIGURA 7 Roadmap de inovação para planejamento funcional de produtos e tecnologias construído com o T-Plan

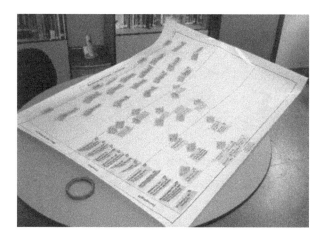

Depois de concluído o roadmap, a equipe discutiu as oportunidades futuras para a unidade de análise e sugeriu pontos para discussão nas próximas aplicações do roadmapping. Também foram relembradas algumas dificuldades enfrentadas no processo, as quais foram anotadas e documentadas juntamente com os resultados.

2. Outros exemplos de aplicação do t -Plan

Nesta seção, são mostrados mais dois exemplos de aplicação do roadmapping para o planejamento de produtos e tecnologias,* ambos seguindo, de forma geral, o processo do T-Plan, mas com diferenças na forma de condução das atividades e na arquitetura dos roadmaps. Essas mudanças foram necessárias para que o processo pudesse atender às especificidades de cada caso. Assim, esses exemplos, à semelhança dos apresentados no Capítulo 3, também ressaltam a flexibilidade do roadmapping. O exemplo 1 mostra o uso da abordagem para o planejamento do desenvolvimento de software. Já o exemplo 2 descreve o planejamento de produtos de impressão industrial.

Exemplo 1: empresa de software

Uma pequena empresa planejava investir no desenvolvimento de um antigo projeto de software, direcionado para um segmento de mercado específico da indústria farmacêutica. O roadmapping foi usado nesse caso como um meio para o planejamento desse software e para a avaliação da viabilidade de execução do projeto.

O processo de roadmapping foi seguido conforme o padrão proposto no T-Plan, e os workshops tiveram a participação de 12 membros seniores da empresa, provenientes da área técnica e da área comercial. Nas Figuras 8 e 9 são mostrados os principais resultados dos workshops de produto e de tecnologia, isto é, as matrizes de correlação entre mercado e produto e

---

* Os exemplos apresentados nesta seção foram adaptados da referência 2.

FIGURA 8 Matriz de correlação entre mercado e produto do exemplo da empresa de software

Priorização (escala de 10)	Principal farmacêutica CRO:	9 9	10 10	7 10	6 2	1 8	2 4	6 7	5 7	5	7	9	6	10	Farmacêutica principal	CRO	Softco
	Direcionadores mercado/negócio	1. Tempo para lançamento	2. Integridade dos testes	3. Custo dos testes	4. Globalização	5. Fronteira conhecimento	6. Facilidade de uso	7. Conectividade	8. Prova de conceito	A. Reuso	B. Nº 1	C. Tempo para lançamento	D. Motivação da equipe	E. Melhorias 1 ano após lançamento			
Conceitos características produto																	
1. Segurança			⫽⫽	⫽	╱	⫽⫽					⫽⫽	X	⫽⫽	╱	5,5	4,8	4,5
2. Software validado		⫽	⫽⫽⫽	╱	╱	⫽⫽	⫽⫽	╱	╱	╱	⫽⫽	XX	⫽⫽	╱	4,7	4,2	1,1
3. Compliance		⫽	⫽⫽⫽⫽	╱	⫽⫽	⫽⫽	⫽⫽		╱		⫽⫽⫽	XX*	X	⫽⫽	8,7	8,3	4,9
4. Serviços		╫	╱		⫽⫽	⫽⫽⫽	╱	╱	╱	⫽⫽	⫽⫽	XX	╱	╱	5,0	4,1	3,8
5. Gestão de dados		⫽⫽	⫽⫽	╱	⫽⫽	⫽⫽	⫽⫽		⫽⫽	⫽⫽⫽	⫽⫽	XX XX	⫽⫽	╱	10,0	10,0	3,0
6. Impressão		⫽⫽	⫽⫽	╫	⫽⫽⫽⫽	⫽⫽	╱	╱	⫽⫽	⫽⫽	⫽⫽	X	⫽⫽	⫽⫽	9,6	9,9	9,5
7. Solução global		╱		╱	⫽⫽	╱	╱			╱	⫽⫽	X	╱	X**	5,9	5,8	2,5
8. Implementação flexível		╱			⫽⫽		╱				⫽⫽	XX	XX	╱	6,8	7,5	10,0
9. Requisitos Softco				╱		╱				╱	⫽⫽	X	╱	╱	0,7	0,8	2,7
10. Usabilidade		╱	╱			╱	⫽⫽⫽				⫽⫽	XX	⫽⫽	╱	3,2	4,2	5,2

Mercado | Softco

Ranking:
╱ = 1   X = -1
Σ Res. célula x Prior direcionador
Normalizado: resultado máx = 10

* obrigatório
** -ve reuso passado, + reuso futuro

Fonte: Adaptação da referência 2.

FIGURA 9 Matriz de correlação entre produto e tecnologia do exemplo da empresa de software

Priorização - do grid 1 (escala de 10)	Principal farmacêutica: CRO: Sofco	*5,5 4,8 4,5	*4,7 4,2 1,1	*8,7 8,3 4,9	5,0 4,1 3,8	10,0 10,0 3,0	9,6 9,9 9,5	5,9 5,8 2,5	6,8 7,5 10,0	0,7 0,8 2,7	3,2 4,2 5,2	Farmacêutica principal	CRO	Sofco
Produto características conceitos / Áreas tecnologia		1. Segurança	2. Validação software	3. Governança	4. Serviços	5. Gerenciamento dados	6. Impressão	7. Soluções globais	8. Implementação flexível	9. Requisitos softco	10. Facilidade de uso			
1. Alianças		⇗	√	⇛	⇗	⇗	⇗	⇗	√	⇛	√	7,8	7,6	7,2
2. Arquitetura sistema			⇛	⇗		√	⇗	⇗	⇗	√	+	10,0	10,0	10,0
3. Design		⇛	⇛	⇗		√	⇛	+	⇛		√	7,1	7,2	7,1
4. Tecnologias software			⇛	⇗		√	⇛	⇗		⇛	⇛	6,9	6,8	6,5
5. Tecnologias equipamento		⇗		⇗		√		⇗	⇗			6,4	6,4	6,3
6. Tecnologias segurança		⇛				⇗	⇛	⇗	√		X	8,6	8,4	7,6
7. Tecnologias principais		⇗	X⇗**		+		⇛	⇛		√		8,3	8,2	7,5

*obrigatório
**-ve reúso passado, + reúso futuro

Ranking:
√ = 1   X = -1
Σ Res. célula x prior. direcionador
Normalizada: resultado máx. = 10

entre produto e tecnologia. Nessas matrizes estão descritos os direcionadores de mercado e negócio, as áreas técnicas do produto, os grupos de tecnologia e recursos e o relacionamento entre eles. A avaliação usando notas ponderadas permitiu a priorização das áreas e dos grupos de tecnologia e recursos a partir da importância dada aos direcionadores (ver seção 2.1 do Capítulo 5 sobre o uso de matrizes de correlação no roadmapping).

A Figura 10 apresenta os resultados do workshop de construção do roadmap, no qual as visões técnicas e comerciais foram reunidas para contemplar em detalhes o plano de desenvolvimento. Um resultado importante desse workshop foi a discussão do plano de incorporação das novas características e funcionalidades nas diferentes versões do produto (software). As decisões tomadas buscaram equilibrar as necessidades do mercado (*market-pull*) com as capacidades tecnológicas da organização (*technology-push*) e foram apoiadas pelas informações trazidas pelos três primeiros workshops.

A aplicação do roadmapping levou essa empresa a não desenvolver o antigo projeto de software, pois os investimentos necessários e os riscos identificados eram muito altos. Mesmo ocasionando o cancelamento da iniciativa, o resultado foi considerado positivo, já que evitou o desperdício de recursos da organização.

Exemplo 2: empresa de impressão industrial

Este exemplo descreve como uma empresa que desenvolve e produz soluções para impressão industrial aplicou o roadmapping durante sete anos. A empresa era organizada em torno de quatro unidades de negócio, cada uma com foco em diferentes linhas de produto, porém com alguma sobreposição de tecnologias e mercados. A empresa existia há 30 anos e possuía uma forte herança tecnológica, pois, conforme cresceu e aumentou em complexidade, novas tecnologias foram adquiridas e a quantidade de linhas de produto cresceu. Isso tornou necessária a aplicação de ferramentas para gerenciar a aquisição e a integração efetiva das novas tecnologias no seu processo de desenvolvimento de produtos.

FIGURA 10 *Roadmap* de inovação para o planejamento funcional de produtos e tecnologias criado no exemplo da empresa de software

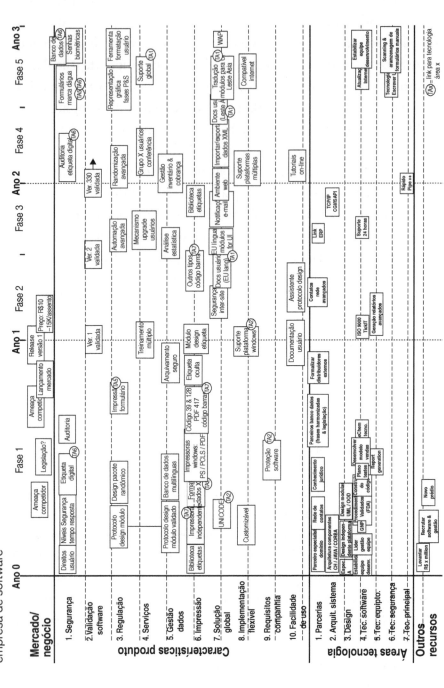

Fonte: Adaptação da referência 2.

Por ser uma empresa de base tecnológica, a organização compreendeu que o desenvolvimento de tecnologias ou de outras competências demandava um longo tempo. Tradicionalmente, as novas tecnologias eram incorporadas em novos produtos apenas quando estavam completamente exploradas e testadas, resultando em atrasos e desapontamentos. Para evitar isso, tornou-se necessário o desenvolvimento de um plano de produtos e tecnologias capaz de antecipar as tecnologias a serem desenvolvidas e de permitir que elas fossem incorporadas rapidamente e com segurança. O roadmapping foi escolhido como a abordagem mais apropriada para auxiliar na elaboração desse plano.

A primeira tentativa de uso do roadmapping foi feita na maior e mais antiga unidade de negócio da organização. Por meio das discussões motivadas pelo roadmapping, observou-se a existência de muitos projetos e de incertezas sobre os direcionadores de mercado. Assim, foi feita uma pesquisa de mercado para suprir as deficiências identificadas e em seguida iniciou-se uma nova aplicação do roadmapping. Nesta, já foi possível definir um conjunto de ações relacionadas com o desenvolvimento dos novos produtos e tecnologias. Em virtude dessa experiência positiva, a empresa resolveu aplicar o roadmapping nas outras unidades do negócio.

A matriz de correlação dos direcionadores e áreas técnicas do produto, criada no workshop de produto, é mostrada na Figura 11. Essa atividade de correlacionar as informações, que também é feita entre as áreas técnicas e os grupos de tecnologias e recursos, foi essencial para o processo do roadmapping, pois incentivou a discussão entre pessoas de diferentes áreas. Dessa forma, a organização como um todo passou a entender que as perspectivas de mercado, produto e tecnologia se correlacionam para gerar as inovações.

A Figura 12 mostra o roadmap construído para uma das unidades de negócio dessa empresa, o qual se tornou uma referência para a continuidade e atualização do processo de roadmapping. Após várias aplicações, foram obtidas melhorias nos resultados do roadmap, como mostrado na Figura 13A, que descreve a visão de projetos e destaca o relacionamento e sequenciamento entre o portfólio de projetos analisado, e na Figura 13B,

FIGURA 11 Matriz de correlação entre produto e tecnologia do exemplo da empresa de impressão industrial

Priorização (P): 7 3 0 2 6 5 1 8 10 8 9 5 *(de 10)*

Mercado/ negócio/ direcionadores Conceitos características produto	1. Direcionador mercado 1	2. Direcionador mercado 2	3. Direcionador mercado 3	4. Direcionador mercado 4	5. Direcionador mercado 5	6. Direcionador mercado 6	7. Direcionador mercado 7	8. Direcionador mercado 8	A. Direcionador negócio 1	B. Direcionador negócio 2	C. Direcionador negócio 3	D. Direcionador negócio 4	Mercado (N)	(N)	Empresa (N)
1. Área característica 1	?								✓✓✓				1	0	25	4
2. Área característica 2	✓✓✓						✓		✓	✓✓✓		✓	16	4	39	6
3. Área característica 3		✓✓✓			✓		✓✓✓		✓		✓		15	4	35	5
4. Área característica 4	?		✓✓✓			✓	✓✓✓	✓	✓✓✓	✓✓✓	×		20	5	37	6
5. Área característica 5	?					✓✓✓	✓✓✓	✓✓✓	✓	✓	?		40	10	18	3
6. Área característica 6	?	✓		✓	✓	✓	✓✓✓		✓	✓		✓	16	4	31	5
7. Área característica 7	✓✓✓	✓		✓	✓		✓		✓	✓			32	8	36	6
8. Área característica 8	×	✓✓✓			✓✓✓		✓✓✓		✓✓✓	✓✓✓	×		8	2	9	1
9. Área característica 9					✓✓✓	✓✓✓	✓✓✓	✓	✓✓✓	✓✓✓	×		35	9	27	4
10. Área característica 10	✓✓✓	✓✓✓					✓✓✓		✓✓✓	✓✓✓	✓✓✓		20	5	65	10
11. Área característica 11		✓	✓	✓	✓		✓✓✓		✓✓✓	✓			23	6	33	5
12. Área característica 12	×	✓✓✓		✓	✓		✓✓✓		✓✓✓	✓✓✓	×		9	2	27	4
13. Área característica 13	✓	✓	✓		✓✓✓	✓✓✓	✓✓✓		✓✓✓	✓✓✓		✓	36	9	59	9

Mercado — Softco

Ranking $= \sum ticks \times P$
$\sqrt{} = 1$ $\sqrt{}\sqrt{}\sqrt{} = 2$ $\sqrt{}\sqrt{}\sqrt{} = 3$ $\times = -1$
(N) = normalizada

Resultado
Mercado Empresa

Fonte: Adaptação da referência 2.

FIGURA 12 Roadmap inicial no exemplo da empresa de impressão industrial

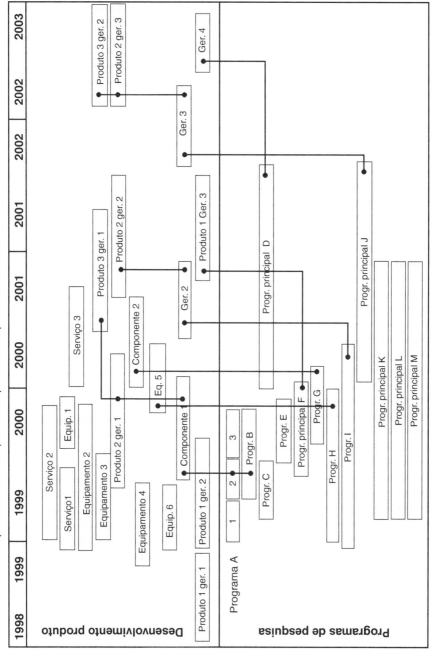

Fonte: Adaptação da referência 2.

FIGURA 13A Roadmap aprimorado no exemplo da empresa de impressão industrial, com a visão de projetos

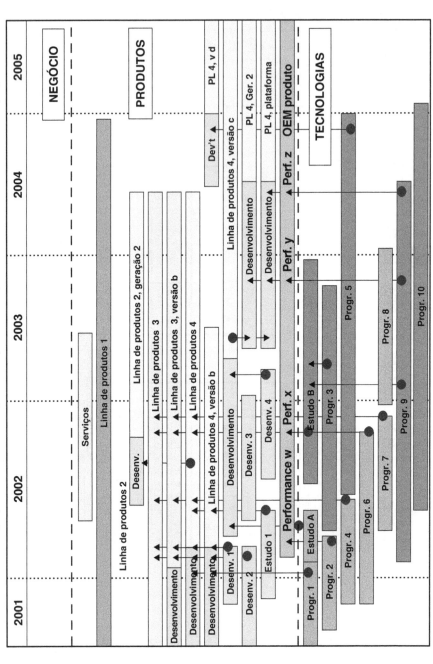

Fonte: Adaptação da referência 2.

FIGURA 13B Roadmap aprimorado no exemplo da empresa de impressão industrial, com a visão das características do produto

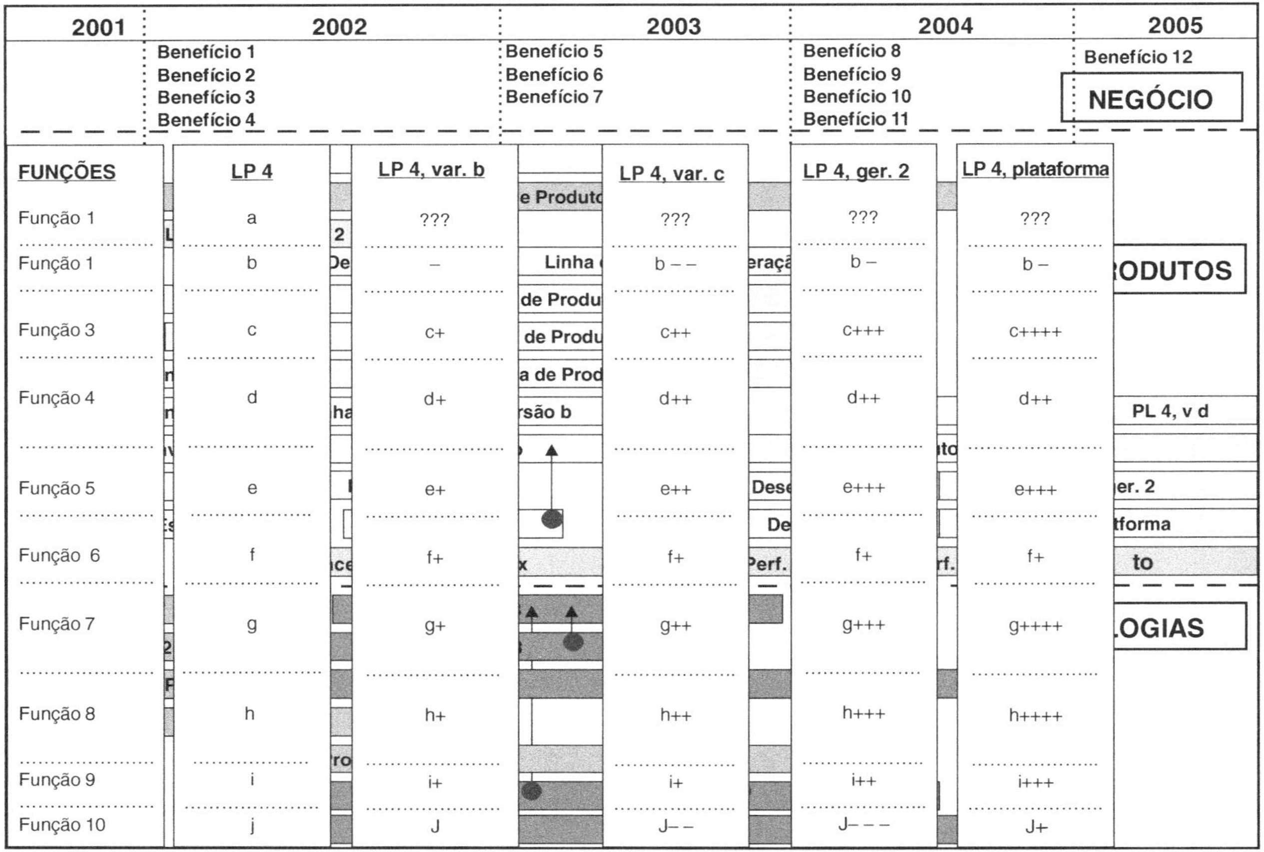

	2001	2002	2003	2004	2005
	Benefício 1 Benefício 2 Benefício 3 Benefício 4		Benefício 5 Benefício 6 Benefício 7	Benefício 8 Benefício 9 Benefício 10 Benefício 11	Benefício 12 **NEGÓCIO**
					...RODUTOS
		LP 4	LP 4, var. b	LP 4, var. c	LP 4, ger. 2	LP 4, plataforma
		a	???	???	???	???
		b	–	b – –	b –	b –
		c	c+	c++	c+++	c++++
		d	d+	d++	d++	d++
						PL 4, v d
		e	e+	e++	e+++	e+++
		f	f+	f+	f+	f+
						...er. 2
		g	g+	g++	g+++	g++++
						...tforma
		h	h+	h++	h+++	h++++
		i	i+	i+	i+	i+
						...to
		j	J	J – –	J – –	J+
						...OGIAS

FUNÇÕES					
Função 1					
Função 1					
Função 3					
Função 4					
Função 5					
Função 6					
Função 7					
Função 8					
Função 9					
Função 10					

Fonte. Adaptação da referência 2.

que se concentra na evolução das características do produto ao longo das novas versões planejadas para lançamento.

Os gerentes e funcionários dessa empresa consideraram as primeiras versões dos roadmaps com cuidado e apenas as seguiram depois de várias aplicações. Isso trouxe tempo para que os participantes coletassem novas informações e pudessem refletir sobre o que tinha sido proposto. Ao final, os roadmaps tornaram-se uma ferramenta útil e importante para a comunicação dos planos de novos produtos e tecnologias para a diretoria e para outras partes interessadas da organização.

3. Resumo do capítulo

Neste capítulo foram apresentadas informações para auxiliar o leitor na aplicação do roadmapping para o planejamento de produtos e tecnologias. O processo de roadmapping do T-Plan foi utilizado como referência para demonstrar esse tipo de aplicação.

O T-plan possui duas atividades (planejamento e implementação) e quatro etapas realizadas em workshops (mercado, produto, tecnologia e construção do roadmap). Nas atividades participam o dono do processo e os facilitadores, enquanto para a realização das etapas, é formada uma equipe de execução multifuncional.

Junto com a descrição das atividades e dos workshops, foi apresentado um exemplo de roadmapping realizado em uma empresa química de alta tecnologia. Por meio dele, é possível associar a teoria e a prática do T-Plan. A fim de complementar esse exemplo, foram mostrados outros dois, um realizado em uma empresa de software e outro em uma empresa de impressão industrial. Apesar de seguirem a base proposta no processo do T-Plan, esses dois exemplos finais ressaltam a flexibilidade que existe no roadmapping, pois também ilustram as adaptações feitas em relação ao processo original.

4. Referências

[1] PHAAL, R.; FARRUKH, C.J.P.; PROBERT, D.R. *T-Plan: Fast Start to Technology Roadmapping: Planning Your Route to Success.* Cambridge: University of Cambridge, 2001.

[2] PHAAL, R.; FARRUKH, C.J.P.; PROBERT, D.R. *Roadmapping for Strategy and Innovation: Aligning Technology and Markets in a Dynamic World.* Cambridge: University of Cambridge, 2010.

[3] OLIVEIRA, M.G.; ROZENFELD, H. "Integrating Technology Roadmapping and Portfolio Management at the Front-End of New Product Development". *Technological Forecasting and Social Change*, v. 77, p. 1339-1354, 2010.

CAPÍTULO 5

Enriquecendo o resultado do Roadmapping

O roadmap "puro", construído a partir de um processo de roadmapping que não incorpora a utilização de outras ferramentas, pode apresentar limitações. Afinal, a abordagem do roadmapping sozinha não é capaz de atender a todas as necessidades relacionadas com o gerenciamento e planejamento da inovação. Portanto, a utilização de outras ferramentas pode "enriquecer" os resultados do roadmapping e, assim, contribuir para que eles se tornem ainda mais valiosos para a organização, como ilustrado na Figura 1.

O roadmap pode ser usado como um medidor da qualidade do processo de roadmapping, pois ele apresenta um resumo dos resultados e indica suas limitações em termos de lacunas de conhecimento. São encontrados três tipos de limitações nos roadmaps, as quais estão representadas na Figura 2 e estão relacionadas a diferentes necessidades de melhoria do processo de roadmapping:

FIGURA 1 Enriquecendo os resultados do roadmapping com a utilização de outras ferramentas

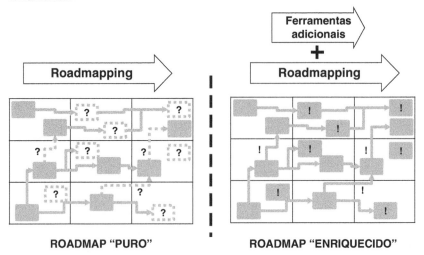

- **Limitações nos elementos de cada camada.** Por exemplo, desconhecimento sobre as necessidades de um segmento de mercado. Esse tipo de limitação inclui as lacunas de conhecimento sobre informações alocadas em cada camada, o que é notado visualmente no roadmap quando se têm camadas com poucas informações.

- **Limitações nas ligações entre as camadas.** Por exemplo, desconhecimento das tecnologias usadas em um produto específico. Nesse caso, as lacunas estão no modo como as informações das diferentes camadas se relacionam. Tal fato é notado visualmente no roadmap pela falta de ligações entre as camadas.

- **Limitações na previsão do futuro.** Por exemplo, desconhecimento sobre as tendências tecnológicas. Nesse tipo de limitação, as lacunas estão nas informações sobre o futuro das camadas. Isso é notado visualmente no roadmap quando o lado direito do mapa (longo prazo da linha do tempo) possui poucas informações. Essa limitação é frequentemente encontrada em organizações que estão começando a aplicar a abordagem do roadmapping.

FIGURA 2 Tipos de limitações encontradas visualmente em um roadmap

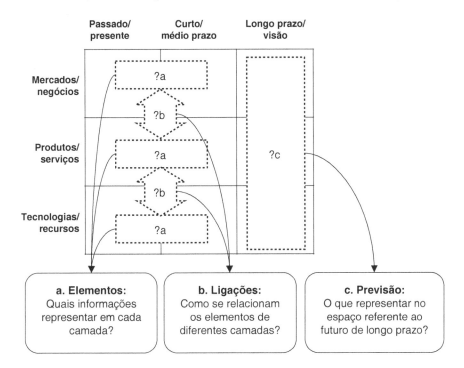

Existem ferramentas que, se usadas corretamente, podem auxiliar na solução desses três tipos de limitações. Na Tabela 1 é mostrada uma seleção de ferramentas que podem ajudar nesse sentido. É importante notar que essa seleção considera apenas ferramentas que têm sido utilizadas com frequência pelas empresas para complementar o roadmapping. Apesar disso, existem várias outras ferramentas disponíveis para o gerenciamento e planejamento da inovação,* as quais também podem se mostrar adequadas para enriquecer os resultados do roadmapping.

---

* Para outras opções de ferramentas, ver: www.portaldeconhecimentos.org.br, www.ifm.eng.cam.ac.uk/ctm/t_cat, www.ifm.eng.cam.ac.uk/dstools, www.ifm.eng.cam.ac.uk/ctm/idm/tools, www.managing-innovation.com, www.npd-solutions.com, www.valuebasedmanagement.net, www.mindtools.com

TABELA 1 Ferramentas selecionadas neste livro para enriquecer os resultados do roadmapping, de acordo com os três tipos de limitações encontradas nos roadmaps

tipo de limitação	Função das ferramentas	Ferramentas selecionadas
Elementos de cada camada	Aquisição de informações	Camada de mercados e negócios: 1. Missão e visão 2. SWOT 3. Modelo das 5 forças 4. Voz do cliente e modelo de kano Camada de produtos e serviços: 5. Gestão de portfólio 6. Planejamento de plataformas Camada de tecnologias e recursos: 7. Nível de prontidão de tecnologias 8. Valoração de tecnologias 9. Mapeamento de competências
Ligações entre camadas	Integração de informações	10. Matrizes de Correlação 11. PERT/CPM
Previsão do futuro	Projeção de informações	12. Planejamento de cenários 13. Oceano azul 14. Inovação aberta

Este capítulo apresenta uma descrição sucinta de cada uma dessas ferramentas com o intuito de fornecer subsídios para aqueles que desejam melhorar seus resultados com o roadmapping. A estrutura deste capítulo está organizada de acordo com as três funções das ferramentas, descritas na Tabela 1: aquisição de informações, integração de informações e projeção de informações. Para cada ferramenta são apresentados os principais conceitos, a contribuição para o roadmapping e referências sugeridas para consulta adicional. Na Figura 3, as ferramentas selecionadas são posicionadas de acordo com o tipo de limitação que solucionam no roadmap.

FIGURA 3 Contribuição das ferramentas selecionadas, de acordo com as limitações do roadmap

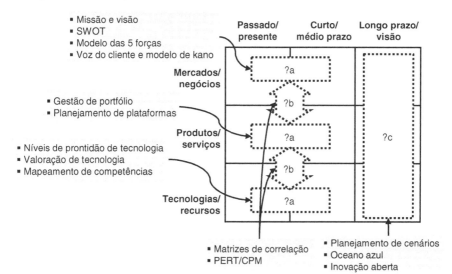

Antes de prosseguir, é importante observar que a utilização de ferramentas adicionais para complementar o roadmapping acarreta, na maioria das vezes, a realização de atividades extras. Isso porque não é normalmente possível a aplicação dessas ferramentas durante os workshops do roadmapping, os quais possuem características tais como o desenvolvimento colaborativo e o uso de um mapa visual, que podem limitar o uso das mesmas. Assim, a equipe de coordenação precisa definir se as novas ferramentas devem ser aplicadas antes, em paralelo ou depois do roadmapping, de forma a garantir que as informações geradas sejam corretamente incorporadas ao processo.

1. Ferramentas para aquisição de informações

Esse grupo de ferramentas é composto por técnicas, métodos e abordagens cujos resultados podem solucionar as limitações relacionadas com as informações que serão usadas para preencher cada camada do roadmap, conforme indicado na Figura 4.

FIGURA 4 Contribuição das ferramentas para aquisição de informações

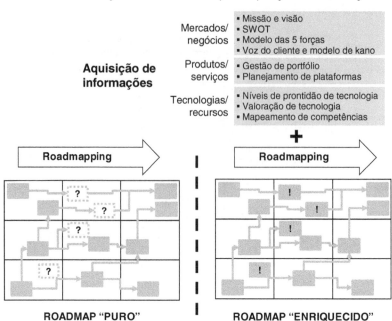

Como cada camada de um roadmap representa um tipo específico de informação, as ferramentas desta seção foram divididas de acordo com a camada para a qual trazem sua contribuição: mercados/negócios, produtos/serviços e tecnologias/recursos.

1.1. Ferramentas para a camada de mercados/negócios

Essas ferramentas são aquelas cujos resultados contribuem com informações relacionadas com o mercado e o negócio. Elas estão voltadas tanto para a análise do ambiente em que a organização está inserida quanto para a compreensão das principais diretrizes e estratégias relacionadas com esse ambiente. Nesta seção, a "Missão e Visão" e o "SWOT" são inicialmente apresentados como ferramentas para o levantamento de informações sobre o negócio. Em seguida, o "Modelo das 5 Forças" e a "Voz do Cliente e Modelo de Kano" são descritos como ferramentas para a aquisição de informações de mercado.

1.1.1. Missão e Visão

Essa ferramenta envolve a definição da missão e da visão de uma organização, ponto de partida obrigatório para todas as iniciativas estratégicas e de planejamento da inovação. Em um mundo ideal, toda organização conhece sua missão e visão e as tem incorporadas em suas operações. Porém, na prática, é quase sempre necessário revisitá-las para que sejam esclarecidas e efetivamente levadas em consideração. Nesse contexto, é essencial que seja feita uma diferenciação entre os significados de missão e visão (Figura 5).

FIGURA 5 Missão e visão

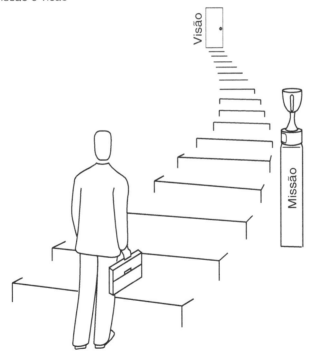

A missão da organização explica a razão de sua existência em termos de seus propósitos e valores básicos, enquanto a visão representa uma proposta ou objetivo almejado pela organização para um futuro distante. A missão deve responder às seguintes perguntas:

- **Quem somos?** Toda organização tem um sentido principal de existência que é evidenciado pela resposta dessa questão.
- **O que fazemos?** Ao responder a essa pergunta, a organização identifica quais são suas atividades principais.
- **Por que fazemos o que fazemos?** Essa pergunta visa caracterizar a motivação da sua existência, ou seja, justificar a execução das atividades que são realizadas.

Por outro lado, a visão envolve alguma necessidade de mudança que se mostra desafiadora para a organização e que inclui adequações a novas tendências do mercado, da economia e da sociedade. É importante notar que diferentes setores industriais possuem diferentes dinâmicas. Isto é, o impacto que 10 anos têm na indústria aeronáutica obviamente não é o mesmo impacto causado na indústria de software. Portanto, durante a análise ou revisão da visão, deve-se compreender o significado de "longo prazo" para a organização.

Contribuição

Essa ferramenta fornece informações que apoiam no direcionamento das estratégias e do planejamento da organização. Assim, complementa o roadmapping pela disponibilização de informações sobre os objetivos do negócio, os quais são usados para preencher a camada de mercados/negócios. Outro benefício do uso dessa ferramenta é o melhor alinhamento da equipe de desenvolvimento em relação aos significados temporais de médio e longo prazos para a organização. Quando essa percepção não é compartilhada entre os participantes, eles podem ser surpreendidos com a diversidade de interpretações para os planos e ações tomadas no roadmapping. Empresas que já possuem um planejamento estratégico estruturado devem garantir que a missão e a visão estarão disponíveis no processo de roadmapping, a fim de orientarem a definição das estratégias e objetivos de inovação.

PARA INFORMAÇÕES ADICIONAIS
MCGRATH, M.E. "Strategy Requires Vision". In: *Product Strategy for High Technology Companies: Accelerating your Business to Web Speed*. Nova York: McGraw-Hill, 2001. VASCONCELLOS FILHO, P.; PAGNONCELLI, D. *Construindo estratégias para vencer! Um método prático, objetivo e testado para o sucesso da sua empresa*. Rio de Janeiro: Campus/Elsevier, 2001.

1.1.2. SWOT (*Strengths, Weaknesses, Opportunities, Threats*)

Essa ferramenta, que tem sua sigla traduzida do inglês como "Forças, Fraquezas, Oportunidades e Ameaças", é usada em estudos estratégicos para analisar de forma simples e eficaz os fatores externos (oportunidades e ameaças) e internos (forças e fraquezas) relacionados com a organização. Sua contribuição está na compreensão das opções de posicionamento estratégico, a partir das características do negócio (fatores internos) e das oportunidades e restrições do mercado (fatores externos). A matriz de referência utilizada na SWOT é mostrada na Figura 6. Nela são apresentados os quadrantes usados para a análise das forças, fraquezas, oportunidades e ameaças:

- **Oportunidades:** representam aspectos positivos do ambiente externo, capazes de estabelecer vantagens competitivas para a organização.
- **Ameaças:** abordam aspectos negativos do ambiente externo, capazes de reduzir vantagens competitivas da organização.

FIGURA 6 Matriz de referência da SWOT

	Interno	Externo
Positivo	Forças	Oportunidades
Negativo	Fraquezas	Ameaças

- **Forças:** destacam diferenciais competitivos da organização em comparação com seus concorrentes, em um ou mais setores de atuação.
- **Fraquezas:** alertam para as desvantagens competitivas da organização em comparação com seus concorrentes, em um ou mais setores de atuação.

As oportunidades e ameaças, que são fatores de origem externa, estão fora do controle da organização. Porém, ela pode definir ações para potencializar suas forças e minimizar suas fraquezas, que são fatores de origem interna. Assim, com a combinação dos quatro quadrantes analisados, torna-se possível encontrar um posicionamento estratégico que resulte em uma maior competitividade.

Contribuição

Essa ferramenta fornece informações sobre as possibilidades estratégicas do negócio e, portanto, contribui para o roadmapping ao propiciar uma melhor definição dos posicionamentos estratégicos representados na camada de mercados/negócios. Ela favorece o compartilhamento da visão dos envolvidos acerca das forças, fraquezas, oportunidades e ameaças da organização, o que possibilita um melhor mapeamento do ambiente competitivo e dos objetivos definidos para o negócio. Novamente, caso a empresa já realize periodicamente um planejamento estratégico, esses aspectos enfatizados pela ferramenta SWOT já estarão mapeados e precisam apenas ser reutilizados no processo de roadmapping.

PARA INFORMAÇÕES ADICIONAIS
ANDREWS, K. *The Concepts of Corporate Strategy*. Homewood, IL: Dow Jones-Irwin, 1971. LEARNED, E.P.; CHRISTENSEN, C.R.; ANDREWS, K.R.; GUTH, W.D. *Business policy: text and case*. Homewood, IL: Richard D. Irwin, 1969.

1.1.3. Modelo das 5 Forças

Criada por Porter,[5,6] essa ferramenta é uma das mais difundidas e praticadas para a análise competitiva de setores industriais e definição do posicionamento dos seus participantes. Ela permite a visualização do impacto da competição existente na cadeia de valor do negócio, apoiando a identificação de oportunidades e de ameaças estratégicas. Na Figura 7 é mostrado o modelo que descreve as cinco forças que caracterizam a competitividade de um setor: a ameaça de novos concorrentes, a ameaça de produtos ou serviços substitutos, o poder de barganha dos compradores, o poder de barganha dos fornecedores e a rivalidade existente entre os concorrentes.

FIGURA 7 Modelo das 5 Forças

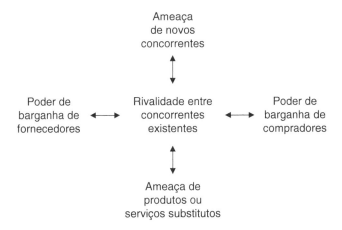

A primeira força, **ameaça de entrada de novos concorrentes**, estuda a competitividade das empresas, dentro de um setor, por meio da análise da capacidade das mesmas em manter suas participações no mercado. Essa capacidade é a força que poderia evitar a entrada e o avanço de novas empresas concorrentes. Atuar sobre ela significa estabelecer controles capazes de impactar na motivação de potenciais concorrentes que tenham interesse em entrar em um determinado mercado.

A segunda força, **poder de barganha dos fornecedores**, analisa a influência que os fornecedores detêm ao longo da cadeia de valor para estabelecerem suas regras e compelir seus compradores a se sujeitarem a elas. Entre os fatores que regulam essa força estão: a quantidade de fornecedores existentes, a facilidade de troca de fornecedores, a diversidade de setores supridos pelos fornecedores, a exclusividade do serviço ou produto oferecido ao setor e a ameaça de integração vertical entre participantes do setor.

A terceira força, **poder de barganha dos compradores**, mostra a capacidade dos compradores em negociar melhores condições de qualidade e preço junto aos seus fornecedores. Essa negociação pode adotar mecanismos semelhantes aos usados pelo "Poder de barganha dos fornecedores", mas com uma lógica oposta. Isto é, os compradores têm maior influência quando eles são minoria, quando os produtos são padronizados e quando há facilidade de troca de fornecedores.

A quarta força, **ameaça de produtos substitutos**, representa a possibilidade de um produto com funções similares mas que usa uma base tecnológica distinta ser escolhido no lugar de um produto já existente. Dessa forma, quando existem muitos produtos substitutos, o potencial de rentabilidade de um setor é reduzido. O surgimento de novas tecnologias e de novos produtos e o crescimento do setor são alguns dos fatores que impactam nessa força.

A quinta força, **rivalidade entre concorrentes**, trata da dinâmica de competição praticada pelos concorrentes de um determinado setor, principalmente em termos da intensidade e dos meios de competição. Essa força pode ser potencializada pela competição por preços, pelo lançamento de novos produtos e pela melhoria dos serviços.

O estudo dessas cinco forças inclui a compreensão dos possíveis movimentos dos fornecedores, compradores e concorrentes (existentes e novos) e do surgimento de eventuais produtos substitutos. Por tal motivo, sua realização demanda a análise de cada um desses elementos, buscando respostas para as perguntas apresentadas a seguir:

- Fornecedores: são poucos e concentrados ou são muitos e dispersos? Enfrentam a ameaça de concorrentes? O insumo é relevante para a empresa? O fornecedor é diferenciado e pode exigir ganhos por isso?
- Compradores: são concentrados ou dispersos? Para eles, as compras significam uma parcela significativa dos gastos? Os produtos são padronizados e de fácil substituição? As margens de lucro são baixas? Eles têm informações completas sobre fornecedores e concorrentes?
- Concorrentes existentes: são numerosos ou poucos? Como é o crescimento da indústria: rápido e inclusivo ou lento e saturado? Os custos fixos são altos, demandando ganhos de escala? O setor caminha para a comoditização, ou seja, para a ausência de diferenciação entre produtos concorrentes? As barreiras de saída são elevadas?
- Novos concorrentes: o mercado possui alta atratividade? Quais são as barreiras de entrada? Existe necessidade de escala e diferenciação? É possível fidelizar o cliente por meio de custos de mudança? É possível criar barreiras de acesso para fornecedores e canais de distribuição?
- Produtos e serviços substitutos: existem produtos com base tecnológica diferente mas com funcionalidades equivalentes? Caso tenham desempenho inferior, eles apresentam nova proposta de valor? Se receberem melhorias, podem se tornar uma ameaça?

Contribuição

Essa ferramenta ajuda na caracterização das cinco forças de um determinado setor, bem como no posicionamento estratégico da organização nesse contexto industrial. Assim, informações de interesse para a camada de mercados/negócios do roadmap, tais como informações sobre fornecedores e concorrentes, são adquiridas, utilizadas e aplicadas de forma consistente. O Modelo das 5 Forças pode inclusive auxiliar no mapeamento de oportunidades e ameaças, refinando o preenchimento desses aspectos na matriz SWOT. Em geral, essa ferramenta também já faz parte dos processos de planejamento estratégico.

PARA INFORMAÇÕES ADICIONAIS
PORTER, M.E. *Competitive Strategy: Techniques for Analyzing Industries and Competitors.* Nova York: Free Press, 1980. PORTER, M.E. "As cinco forças competitivas que moldam a estratégia". *Harvard Business Review*, v. 86, n. 1, p. 78-93, 2008.

1.1.4. Voz do Cliente e Modelo de Kano

Essa ferramenta, também conhecida pela sigla VOC (*Voice of Customer*), é usada para a identificação das necessidades dos clientes.[7,23] Entrevistas individuais, entrevistas em grupo (*focus groups*), pesquisas de mercado de larga escala (*surveys*), observação direta dos processos de compra e análises elaboradas pela área de atendimento ao consumidor estão entre as formas mais usadas para identificar essas necessidades. A precisão dos resultados dessa ferramenta depende da amostra estudada, da coleta dos dados e dos mecanismos de análise das informações, que podem ser qualitativos ou quantitativos.

As informações coletadas ajudam na simulação de situações de uso dos produtos e, portanto, podem confirmar as necessidades dos clientes. Então, essas necessidades podem ser analisadas de acordo com o Modelo de Kano (Figura 8), que as classifica de acordo com dois critérios (eixos no modelo): o nível de satisfação do cliente e o desempenho funcional do produto em um determinado atributo.

O modelo indica três tipos de atributos de produto que têm diferentes comportamentos em relação à satisfação do cliente e ao desempenho do produto: atributos obrigatórios (não declarados), atributos lineares (declarados) e atributos atrativos (não declarados). Esses três tipos de atributos são descritos e exemplificados a seguir:

- **Atributos obrigatórios:** geram insatisfação se não forem entregues aos clientes, porém não geram satisfação se atendidos. Por exemplo, quando um cliente é questionado sobre os atributos relevantes para um carro, dificilmente mencionará seu desejo de que não vaze óleo do

FIGURA 8 Modelo de Kano

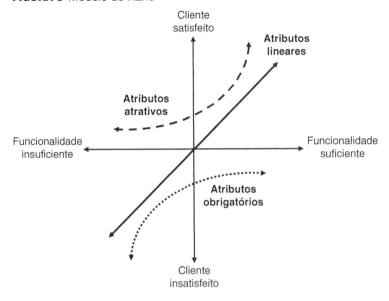

motor. Porém, isso não significa que o carro pode prescindir desse atributo. Em outras palavras, caso o carro apresente vazamento de óleo, certamente trará insatisfação para o cliente. Por outro lado, caso o carro não tenha vazamento, provavelmente não trará satisfação. Esses atributos também são conhecidos como atributos óbvios.

- **Atributos lineares:** representam dimensões do produto conhecidas pelos clientes e que, quando têm seu desempenho aprimorado, afetam linearmente sua satisfação. Nesse contexto, aumentos de desempenho são percebidos e valorizados pelo cliente, enquanto reduções também são percebidas e, nesse caso, reduzem seu interesse pelo produto. Retomando o exemplo dos carros, com o crescimento da importância da sustentabilidade e do preço dos combustíveis o consumo energético do veículo tornou-se um atributo revelado. Assim, quanto mais econômico o veículo, maior a satisfação do cliente e vice-versa.

- **Atributos atrativos:** indicam necessidades ainda não notadas pelos próprios clientes, mas que trazem diferenciação para os produtos e serviços. Esses atributos são capazes de aumentar consideravelmente o nível de satisfação dos clientes, tornando-se fatores decisivos no momento da compra. No caso de um carro, sistemas de informação e comunicação, tais como sensores de estacionamento, velocidade e direção, GPS e conexão com a internet, são exemplos atuais desse tipo de atributo. Tais sistemas fornecem novas funcionalidades com potencial para surpreender os clientes, mas dificilmente são requisitados, visto que são poucas as pessoas que os conhecem ou os utilizam.

A evolução tecnológica e o surgimento de novas necessidades geram uma movimentação dos atributos através dos três tipos apresentados. Por exemplo, atributos inicialmente atrativos um dia se tornarão lineares, para então tornarem-se obrigatórios. Essas mudanças motivam a atualização dos produtos por meio do atendimento de novas necessidades e do fornecimento de novas funcionalidades.

Contribuição

Essa ferramenta auxilia na identificação e classificação das necessidades dos clientes, o que contribui para o estabelecimento de direcionadores de mercado para novos produtos e serviços. Uma vez que as informações fornecidas pela Voz do Cliente e Modelo de Kano são detalhadas em relação aos atributos de produto, elas tendem a ser mais úteis para roadmappings de planejamento de produtos e tecnologias. Nesse tipo de aplicação, as informações podem contribuir, por exemplo, para justificar o desenvolvimento de novas funcionalidades ou versões de produto que introduzam atributos atrativos ou garantam o desempenho necessário em atributos que se tornaram obrigatórios.

PARA INFORMAÇÕES ADICIONAIS
KANO, N.; SERAKU, N.; TAKAHASHI, F.; TSUJI, S. "Attractive Quality and Must-be Quality". *The Journal of the Japanese Society for Quality Control*, v. April, p. 39, 1984. CHENG, C.L.; MELO FILHO, L.D.R. *O Método QFD na gestão de desenvolvimento de produtos*. Belo Horizonte: Edgard Blucher, 2007.

1.2. Ferramentas para a camada de produtos/serviços

Essas ferramentas geram resultados que contribuem com informações para a análise de produtos e serviços existentes, em desenvolvimento ou em concepção. Nesta seção são apresentadas duas dessas ferramentas: a "Gestão de Portfólio de Projetos" e o "Planejamento de Plataformas".

1.2.1. Gestão de Portfólio de Projetos

Essa ferramenta contribui para o gerenciamento do portfólio de projetos de uma organização, o qual inclui a avaliação, seleção e priorização de novos projetos e o controle dos projetos em execução.[8] Quando usada para o gerenciamento de projetos de produto, a gestão de portfólio assume quatro objetivos principais:[9]

- **Maximização do valor do portfólio:** busca definir um portfólio de projetos de produtos que seja capaz de trazer maior retorno financeiro para o negócio. Emprega indicadores financeiros, como o Valor Presente Líquido (VPL), a Taxa Interna de Retorno (TIR) e o Fluxo de Caixa Acumulado, para avaliar e selecionar os projetos que devem compor o portfólio. Alguns negócios podem querer maximizar o portfólio de acordo com outros objetivos além do financeiro.
- **Definição de um portfólio equilibrado:** tem como função reduzir os riscos do negócio por meio da seleção de projetos que se complementam em relação a mercados, tecnologias, retorno financeiro, tempo de lançamento etc. Um exemplo é a busca pelo equilíbrio entre projetos de curto prazo, com menor risco e menor retorno financeiro, mas que garantem o fluxo de caixa do negócio, e projetos de longo prazo, com maior risco e maior retorno financeiro, tendo em vista a obtenção de diferenciais competitivos sustentáveis.
- **Alinhamento do portfólio com os objetivos estratégicos:** o portfólio de projetos é periodicamente modificado com a entrada e saída de projetos e, portanto, precisa ser reajustado para atender às

estratégias do negócio, que também mudam periodicamente. Por exemplo, uma empresa pode querer aumentar sua atuação em um determinado mercado e também incentivar o desenvolvimento de uma nova tecnologia. Para isso, ela prioriza os projetos que contribuem para ambas as estratégias.

- **Alocação dos recursos organizacionais:** uma das consequências de uma gestão de portfólio ineficaz é o desenvolvimento de um número de projetos superior à capacidade da organização. Quando isso acontece, recursos físicos e humanos ficam sobrecarregados e perdem eficiência de trabalho, aumentando as chances de erros. Dessa forma, durante a seleção dos projetos do portfólio, deve-se considerar uma estimativa dos recursos necessários para execução dos vários projetos e avaliar as limitações existentes, de acordo com os tipos e a quantidade dos recursos disponíveis.

Uma dificuldade da gestão de portfólio é a conciliação desses objetivos, pois alguns deles podem ser contrapostos e, portanto, impedir a identificação de um portfólio único e ótimo. Assim, as pessoas envolvidas na tomada de decisão quase sempre precisam priorizar um ou outro objetivo. Para ajudar nessa decisão, elas podem criar diferentes cenários de portfólios a fim de avaliar qual é o melhor. Outro desafio é considerar a interdependência existente entre os projetos, a qual pode forçar a escolha de um projeto devido aos relacionamentos que este possui com os outros que estão em avaliação ou em desenvolvimento.

A proposta básica da gestão de portfólio é ilustrada na Figura 9.

Para a definição do portfólio de projetos, podem ser utilizados desde abordagens qualitativas simples, baseadas em critérios de avaliação, até métodos quantitativos complexos, com base em modelos matemáticos. Na maioria dos casos, opta-se pelas abordagens simples, em virtude da quantidade limitada de informações que os projetos apresentam em suas fases iniciais. Além disso, as abordagens simples têm maior aceitação pelos tomadores de decisão, porque sua lógica de operação é mais facilmente compreendida.

FIGURA 9 Proposta básica da Gestão de Portfólio de Projetos

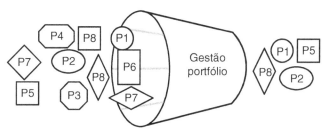

Os modelos de avaliação por notas são um exemplo de ferramenta simples que é adotada para a avaliação e seleção de projetos durante a definição do portfólio. Nessa prática, as pessoas avaliam cada um dos projetos de acordo com uma lista de critérios previamente definidos. A partir das notas recebidas, os projetos são classificados e priorizados para formar o portfólio, como mostrado na Tabela 2.

TABELA 2 Modelo de notas para avaliação e seleção de projetos

Projetos	Retorno financeiro	Potencial estratégico	Probabilidade sucesso técnico	Probabilidade sucesso comercial	Classificação (nota final)
Projeto A	4,8	5,0	3,8	4,0	17,6
Projeto B	5,0	4,6	4,2	3,5	17,3
Projeto D	4,1	3,9	2,9	4,7	15,6
Projeto C	4,8	2,2	3,8	2,8	13,6

Contribuição

Essa ferramenta contribui para a seleção e priorização dos projetos de desenvolvimento de produtos e tecnologias que receberão recursos da organização. Seus resultados complementam o roadmapping pelo fornecimento de informações para a camada de produtos/serviços, pois elas contribuem para estabelecer qual projeto desenvolver e em que momento, de forma a atender às oportunidades existentes. Além disso, a gestão de portfólio também contribui para a atualização dos roadmaps, na medida que acompanha a evolução dos projetos planejados no mapa e define prioridades entre eles.

PARA INFORMAÇÕES ADICIONAIS
PMI. "The Standard for Portfolio Management". *Project Management Institute*, 2008. COOPER, R.G.; EDGETT, S.J.; KLEINSCHMIDT, E.J. *Portfolio Management for New Products*. 2ª ed. Massachusetts: Perseus Books, 2001. OLIVEIRA, M.G.; ROZENFELD, H. "Aplicação da gestão de portfólio na seleção de projetos de produtos de uma pequena empresa de base-tecnológica". In: RABECHINI Jr., Roque; CARVALHO, Marly Monteiro de. (Ed.). *Gerenciamento de projetos na prática 2: casos brasileiros*. São Paulo: Atlas, 2010.

1.2.2. Planejamento de Plataformas de Produtos

As plataformas de produtos incluem componentes, sistemas e subsistemas compartilhados por produtos de uma mesma família. O princípio do planejamento de plataformas é a criação de novos produtos por meio da modificação de apenas algumas partes dos produtos existentes, sem alterar, contudo, a estrutura tecnológica básica que determina a plataforma utilizada.

As plataformas permitem que a organização inove sem ter de investir no desenvolvimento completo de novas tecnologias e produtos. O conceito dessa ferramenta pode ser representado graficamente por meio das diferentes versões de produtos que podem ser derivadas de uma mesma plataforma tecnológica ao longo do tempo para diferentes segmentos de mercado (Figura 10).

Diferentes estratégias podem ser concebidas a partir da perspectiva de análise criada pelo conceito de plataforma. A estratégia mais simples, caracterizada pelo menor grau de compartilhamento tecnológico, é desenvolver uma plataforma distinta para cada segmento de mercado

FIGURA 10 Evolução de uma família de produtos a partir de uma plataforma inicial

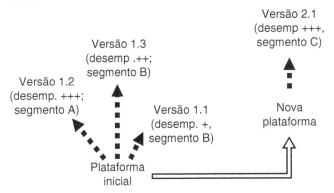

atendido. Outra estratégia é a chamada "alavancagem horizontal", que consiste em adotar uma única plataforma como base para derivar produtos de mesmo nível de desempenho mas endereçados a diferentes segmentos de mercado. Existe também a estratégia de "escalada vertical", que compartilha uma determinada plataforma para gerar produtos que apresentam níveis diferentes de desempenho mas que são voltados para um mesmo segmento de mercado. Nesse caso, pode-se entrar com um produto inicial de baixo desempenho e fazer a escalada "para cima", ou então o movimento contrário, dependendo das características do mercado. Finalmente, existe também a estratégia conhecida como "radial", um modelo que combina a alavancagem horizontal e a escalada vertical. Nessa estratégia, os produtos derivados de uma mesma plataforma são direcionados para segmentos diferentes e para níveis de desempenho distintos.

A realização periódica desse processo de planejamento contribui para manter as linhas de produtos atualizadas, favorecendo a oferta de produtos com baixo custo de desenvolvimento e com alto impacto para o mercado. Além disso, novas plataformas podem ser desenvolvidas (lado direito da Figura 10), mesmo com um alto investimento em uma nova base tecnológica, pois esta será compartilhada por vários novos produtos endereçados a novos e diferentes mercados.

Contribuição

Essa ferramenta contribui para o roadmapping porque apoia a proposição de novos elementos na camada de produtos/serviços, os quais estarão associados a uma plataforma tecnológica existente ou a ser desenvolvida. O próprio roadmap pode ser usado para representar as famílias de produtos em desenvolvimento ou propostas pelo planejamento de plataforma. Por exemplo, as novas versões a serem lançadas são posicionadas de acordo com a linha do tempo da arquitetura do roadmap.

PARA INFORMAÇÕES ADICIONAIS
MEYER, M.H. "Revitalize Your Product Lines Through Continuous Platform Renewal". *Research Technology Management*, v. 40, n. 2, p. 17-28, 1997. ROBERTSON, D.; ULRICH, K. "Planning for product platforms". *Sloan Management Review*, v. 39, n. 4, p. 19–32, 1998.

1.3. Ferramentas para a camada de tecnologias/recursos

A aplicação dessas ferramentas contribui para a geração de informações sobre tecnologia e recursos e com a análise de aspectos técnicos e humanos relevantes para a organização. Nesta seção são apresentadas três dessas ferramentas: o "Nível de Prontidão de Tecnologias", a "Valoração de Tecnologia" e o "Mapeamento de Competências".

1.3.1. Nível de prontidão de tecnologias

Essa ferramenta, também conhecida pela sigla TRL (*Technology Readiness Level*), propõe uma escala para classificar a prontidão das tecnologias em nove níveis, que estão resumidamente apresentados na Figura 11. Essa escala foi criada pela NASA (*National Aeronautics and Space Administration*) para facilitar a gestão dos seus desenvolvimentos tecnológicos. Sua principal função é destacar o momento em que uma tecnologia pode avançar para um próximo estágio de desenvolvimento ou pode ser incorporada em um produto.

FIGURA 11 Os nove níveis de prontidão da tecnologia

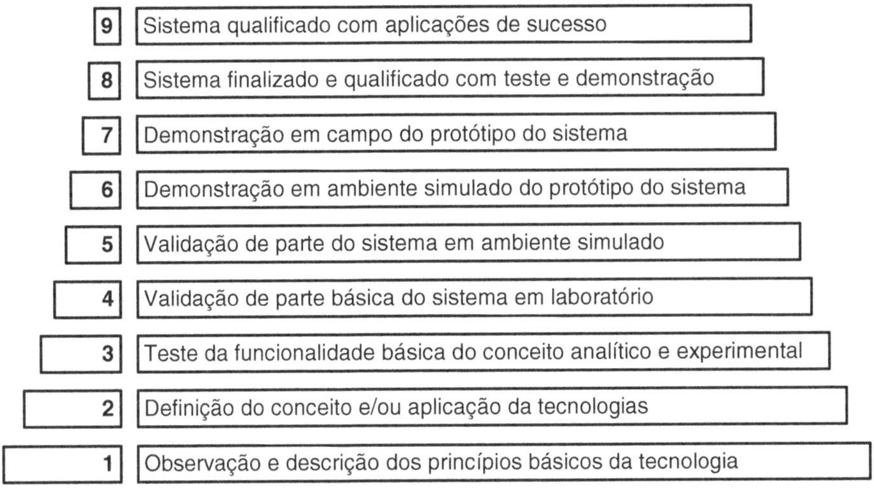

9	Sistema qualificado com aplicações de sucesso
8	Sistema finalizado e qualificado com teste e demonstração
7	Demonstração em campo do protótipo do sistema
6	Demonstração em ambiente simulado do protótipo do sistema
5	Validação de parte do sistema em ambiente simulado
4	Validação de parte básica do sistema em laboratório
3	Teste da funcionalidade básica do conceito analítico e experimental
2	Definição do conceito e/ou aplicação da tecnologias
1	Observação e descrição dos princípios básicos da tecnologia

A utilização dessa escala torna possível minimizar os riscos existentes na introdução de novas tecnologias, principalmente pelo fato de esclarecer seu nível de prontidão. Essa informação evita o atraso no desenvolvimento de produtos que dependem de novas tecnologias, visto que prevê com melhor exatidão quando estas terão o mínimo nível de maturidade necessário para serem utilizadas. Existem processos que adotam esse conceito para avaliar a disponibilidade de tecnologias. Dentre estes, se destacam o *Technology Program Management Model* (TPMM)[14] e o *Technology Readiness Level Calculator*.[15]

Contribuição

Essa ferramenta auxilia na avaliação do nível de prontidão das tecnologias, o que possibilita uma melhor previsão do tempo necessário para que elas possam ser utilizadas em novos produtos. Assim, seus resultados enriquecem o roadmapping por meio do fornecimento de informações para a camada de tecnologias/recursos.

> **PARA INFORMAÇÕES ADICIONAIS**
>
> MANKINS, J.C. "Technology readiness levels: a white paper". Advanced Concepts Office, Office of Space Access and Technology, NASA, 1995.
> CRAVER, J.; ELLIS, M. "Technology Program Management Model (TPMM): a systems-engineering approach to technology development program management." 9th Annual Systems Engineering Conference: "Focusing on Improving Performance of Defense Systems Programs", San Diego, CA, 23-26 October, 2006
> NOLTE, W.L.; KENNEDY, B.C.; DZIEGIEL, R.J. "Technology Readiness Level Calculator". 6th Annual Systems Engineering Conference, San Diego, CA, 20-23 October, 2003.

1.3.2. Valoração de tecnologias

Essa ferramenta ajuda na tomada de decisões sobre investimentos em novas tecnologias, a partir da utilização de técnicas financeiras que projetam o valor esperado para a tecnologia no futuro. Existem diferentes técnicas para valoração de tecnologias, e, dependendo do contexto e das informações disponíveis, algumas podem ser mais adequadas do que outras. A seguir, são mencionadas quatro delas:

- **Valor Presente Líquido (VPL):** o valor do ativo reflete o valor presente dos fluxos de caixa futuros gerados pelo mesmo, descontados de uma taxa que reflita o risco do investimento no ativo.

- **Valoração Contábil:** o valor do ativo é dado pelo próprio valor contábil do patrimônio líquido a partir das suas demonstrações financeiras.

- **Valoração por Múltiplos:** o valor do ativo é estimado seguindo-se o preço de ativos comparáveis, tais como: tipo de negócio, lucros, geração de caixa, valor contábil e vendas.

- **Valoração por Opções Reais:** utiliza conceitos de opções financeiras para valorar ativos que sejam impactados por decisões organizacionais ou eventos do ambiente, como um projeto de produto ou de tecnologia.

A maior dificuldade para a aplicação dessa ferramenta está nas incertezas e nos riscos inerentes ao processo de desenvolvimento de tecnologias. Eles se tornam ainda mais críticos quando não são conhecidas as possíveis aplicações da tecnologia ou quando seus benefícios ainda não estão claros para o mercado. Nesses casos, a construção do fluxo de caixa pode ser impraticável. Contudo, superadas as restrições de informação, a valoração de tecnologias traz contribuições significativas para as organizações, pois auxilia na identificação das tecnologias mais competitivas e com maior potencial de retorno financeiro.

Entre os resultados buscados com sua aplicação estão a definição de estratégias de negociação (valores mínimos e máximos), a quantificação do "valor justo" de uma tecnologia e a comparação entre projetos de tecnologia. Dependendo do valor obtido, algumas possíveis opções relativas à tecnologia incluem sua aquisição de um fornecedor externo, o desenvolvimento em parceria com outras empresas ou mesmo o não desenvolvimento.

Contribuição

Essa ferramenta quantifica o valor financeiro das tecnologias de interesse para a organização e, dessa forma, seus resultados enriquecem o roadmap por fornecerem informações para a camada de tecnologias/recursos. Tais informações contribuem para a tomada de decisão sobre a aquisição de novas tecnologias, o início ou cancelamento de projetos e a venda ou licenciamento de tecnologias desenvolvidas.

PARA INFORMAÇÕES ADICIONAIS
FAULKNER, T.W. "Applying 'options thinking' to R&D valuation". *Research Technology Management*, v. 39, n. 3, p. 50-56, 1996.   RAZGAITIS, R. *Valuation and Pricing of Technology-Based Intellectual Property*. New Jersey: Wiley, 2002.   DISSEL, M.C.; PHAAL, R.; FARRUKH, C.J.; PROBERT, D.R. "Value Roadmapping: A Structured Approach For Early Stage Technology Investment Decisions". PICMET 2006 Proceedings. 2006.

1.3.3. Mapeamento de competências

Essa ferramenta atua na identificação das competências prioritárias para uma organização. As competências são os conhecimentos necessários para a realização das ações e as habilidades empregadas para agir.[19] Nesse sentido, ela incorpora os conhecimentos e experiências estabelecidos ao longo dos anos na realização de uma função, capacitando as pessoas para a interpretação, avaliação e intervenção.

Existem três tipos principais de competências que podem ser identificados nas organizações: as competências essenciais, as competências organizacionais e as competências individuais.[20]

As competências essenciais são aquelas que garantem a diferenciação no mercado. São competências que a organização reconhecidamente domina e sabe explorar efetivamente como um diferencial competitivo. Por tal motivo, são difíceis de ser copiadas pelos seus concorrentes. As competências são consideradas essenciais quando: ajudam a neutralizar ameaças ou explorar oportunidades, existem em um pequeno número de empresas, são difíceis de imitar e são insubstituíveis na organização.

Por sua vez, as competências organizacionais compreendem o conjunto de tecnologias, procedimentos e dinâmicas resultantes dos processos de aprendizagem da organização ao longo do tempo.

As competências individuais têm origem nas pessoas que formam a organização e definem os conhecimentos, habilidades e atitudes capazes de criar valor. Assim, depois de esclarecer suas competências essenciais, as organizações devem identificar as principais competências individuais, pois estas garantem a execução dos processos relacionados com as competências essenciais.

A partir do entendimento e mapeamento dessas três competências, a organização deve gerenciar o desenvolvimento daqueles que são críticas para a manutenção da sua competitividade. Algumas ações aplicadas nesse sentido envolvem o treinamento e formação de funcionários, a criação de universidades corporativas, a contratação de pessoas com competências específicas, a aquisição de outras organizações que dominam as competências desejadas e a formação de parcerias. O mapeamento de competências é uma abordagem ampla, normalmente realizada como parte do planejamento estratégico da organização.

PARA INFORMAÇÕES ADICIONAIS
PRAHALAD, C.K.; HAMEL, G. "The Core Competence of the Corporation". *Harvard Business Review*, maio-junho, p. 79-91, 1990. PRAHALAD, C.K.; HAMEL, G. *Competindo pelo futuro: estratégias inovadoras para obter o controle do seu setor e criar os mercados de amanhã*. Rio de Janeiro: Campus/Elsevier, 2005. HITT, M.; IRELAND, R.; HOSKINSSON, R. *Administração estratégica*. São Paulo: Thomson, 2001.

Contribuição

Essa ferramenta mapeia as principais competências de uma organização e mostra como elas se relacionam. Seus resultados enriquecem o roadmapping com informações para a camada de tecnologias/recursos, uma vez que contribuem para a identificação dos recursos – nesse caso, competências – que têm valor competitivo para a organização.

2. Ferramentas para integração de informações

Esse grupo de ferramentas é formado por técnicas, métodos e abordagens cujos resultados podem solucionar as limitações relacionadas com o modo como as informações de diferentes camadas se integram, como mostra a Figura 12.

Nesta seção, são apresentadas duas ferramentas: as Matrizes de Correlação (*Linking Grids*), utilizadas para relacionar as informações entre camadas do roadmap, e o PERT-CPM (*Program Evaluation and Review Technique – Critical Path Method*), usado para o alinhamento e sequenciamento de informações e ações dentro de uma mesma camada e entre camadas do roadmap.

FIGURA 12 Contribuição das ferramentas para integração de informações

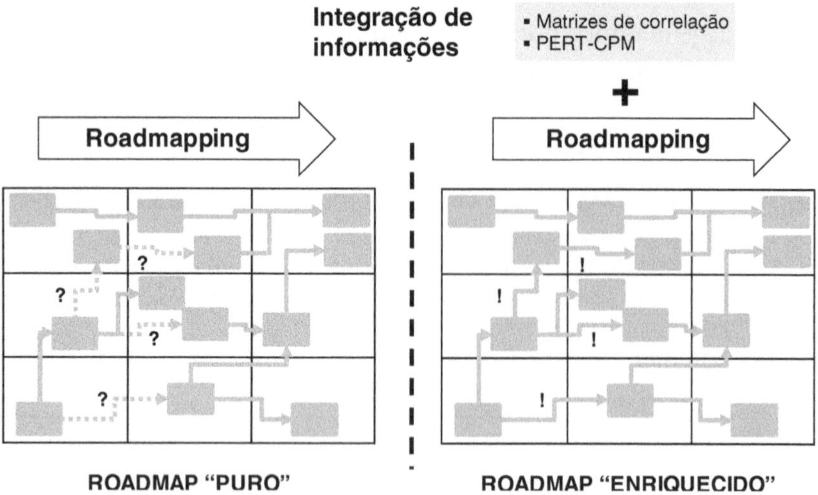

ROADMAP "PURO"   ROADMAP "ENRIQUECIDO"

2.1. Matrizes de correlação

Essa ferramenta traz resultados que ajudam na ligação das informações relacionadas com temas diversos, como as informações contidas em diferentes camadas do roadmap. Para isso, são usadas matrizes de correlação similares às empregadas no método QFD (*Quality Function Deployment*).[21, 23] Exemplos dessas matrizes já foram apresentados nas Figuras 4, 8, 9 e 11 do Capítulo 4. Nesta seção, será mostrada uma versão simplificada desta ferramenta (Figura 13) a fim de explicar como ela pode ser utilizada para direcionar o foco do desenvolvimento de novos produtos e tecnologias e como seus resultados contribuem para o roadmapping.

A matriz mostrada na Figura 13 correlaciona necessidades do mercado com atributos do produto e indica o impacto de cada coluna em cada linha. Dessa forma, relaciona a "voz dos clientes" (ver seção 1.1 deste capítulo) com características técnicas do produto, que estão mais próximas da linguagem do time de desenvolvimento. Na Figura 13, as correlações foram avaliadas de forma a atribuir o valor 3 para correlações fortes, 2 para médias e 1 para fracas. Outras escalas podem ser utilizadas dependendo do

FIGURA 13 Matriz de correlação ilustrativa

<table>
<thead>
<tr><th rowspan="2">Mercado</th><th colspan="5">Produto</th><th>Peso absoluto (1 a 5)</th><th>Peso relativo</th></tr>
<tr><th>Atributo 1</th><th>Atributo 2</th><th>Atributo 3</th><th>Atributo 4</th><th>Atributo 5</th><th></th><th></th></tr>
</thead>
<tbody>
<tr><td>Necessidade 1</td><td>0</td><td>3</td><td>0</td><td>3</td><td>0</td><td>1</td><td>6,25%</td></tr>
<tr><td>Necessidade 2</td><td>3</td><td>0</td><td>0</td><td>1</td><td>2</td><td>4</td><td>25,00%</td></tr>
<tr><td>Necessidade 3</td><td>1</td><td>0</td><td>1</td><td>1</td><td>0</td><td>3</td><td>18,75%</td></tr>
<tr><td>Necessidade 4</td><td>2</td><td>1</td><td>2</td><td>0</td><td>0</td><td>3</td><td>18,75%</td></tr>
<tr><td>Necessidade 5</td><td>3</td><td>0</td><td>1</td><td>3</td><td>1</td><td>5</td><td>31,25%</td></tr>
<tr><td></td><td></td><td></td><td></td><td></td><td></td><td>16</td><td>100,00%</td></tr>
</tbody>
</table>

=5/16

| Peso absoluto | 2,3 | 0,4 | 0,9 | 1,6 | 0,8 | 5,9 |
| Peso relativo | 38,3% | 6,4% | 14,9% | 26,6% | 13,8% | 100,0% |

=0,8/5,9

=(0x6,25%)+(3x25%)+(1x18,75%)+(2x18,75%)+(3x31,25%)

objetivo da análise.[23] Em alguns casos, somente a indicação da presença ou ausência de correlação já pode ser suficiente para fornecer resultados de interesse.

No exemplo mostrado na Figura 13, os atributos do produto (colunas) foram priorizados com base nas correlações e nos pesos dados às linhas. Cada necessidade do mercado recebeu uma nota numa escala de 1 a 5, que poderia ser, por exemplo, o grau de importância atribuído pelo cliente à necessidade. Esses pesos absolutos foram transformados em pesos relativos, dividindo-se o peso de cada linha pelo peso absoluto total das linhas. Então, para cada coluna, o respectivo peso absoluto foi calculado somando-se o produto da multiplicação de cada correlação mostrada na coluna pelo peso relativo da linha associada à correlação. Uma vez calculados os pesos absolutos de todas as colunas, é possível calcular o peso relativo de cada uma, da mesma maneira como tinha sido feito para as linhas.

Dessa forma, obteve-se uma priorização dos atributos em termos do impacto que esses podem ter nas necessidades identificadas, levando-se em conta a importância de cada uma delas. Essa análise ajuda a equipe de trabalho a focar no desenvolvimento dos atributos com maior potencial para satisfazer os clientes. Matrizes de correlação como essa podem ainda ser usadas para avaliar a relação entre outros aspectos, como as características da tecnologia associada ao produto. Isso faz com que informações de mercado, produto e tecnologia possam ter suas correlações explicitadas e avaliadas.

Contribuição

Essa ferramenta cria mecanismos para correlacionar informações posicionadas em camadas distintas do roadmap, aumentando a integração entre as várias perspectivas funcionais da organização. Especificamente, ela contribui para mostrar as ligações entre a camada de mercados/negócios e a camada de produtos/serviços, e entre esta última e a camada de tecnologias/recursos. Seus resultados enriquecem o roadmapping por propiciarem a formação de estratégias e ações unificadas e integradas em termos das diferentes perspectivas organizacionais.

PARA INFORMAÇÕES ADICIONAIS
AKAO, Y. *QFD: Quality Function Deployment: Integrating Customer Requirements into Product Design*. Nova York: Productivity Press, 2004. CHENG, C.L.; MELO FILHO, L.D.R. *O Método QFD na gestão de desenvolvimento de produtos*. Belo Horizonte: Edgard Blucher, 2007.

2.2. PERT-CPM

O PERT (*Program Evaluation and Review Technique*) e o CPM (*Critical Path Method*) são ferramentas comumente utilizadas no gerenciamento de projetos, mais especificamente para seu planejamento e controle. Elas surgiram separadamente, mas com o tempo foram integradas, pois são complementares. O PERT permite a construção de uma rede de relacionamentos entre as atividades de um projeto, mostrando as dependências e as folgas existentes na execução das atividades. Já o CPM determina quais atividades são críticas para a manutenção do plano inicial do projeto, isto é, destaca as atividades que, caso se atrasem, farão com que todo o projeto se atrase. O conjunto de atividades críticas formará o que é chamado de caminho crítico do projeto.

Por meio do PERT-CPM, que significa a aplicação conjunta do PERT e do CPM, é possível identificar as programações "mais cedo" e "mais tarde" para a realização das atividades do projeto. A programação mais cedo indica as datas mais próximas para início e término de uma atividade, considerando suas restrições no cronograma. Por outro lado, a programação mais tarde indica as datas mais distantes de início e de término. Não se pode esquecer que para determinar essas programações de atividades é preciso ter conhecimento dos tipos de dependências adotados no sequenciamento das atividades, que podem ser: término-início, início-início, término-término, início-término. Junto com as dependências também podem ocorrer períodos de latência. Por exemplo, entre a realização de duas atividades é necessário esperar no mínimo dois dias, ou seja, existe uma latência positiva de dois dias.

FIGURA 14 Programação cedo, programação tarde e folga das atividades no cronograma

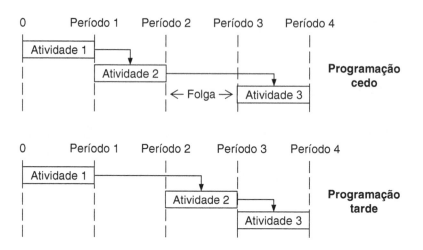

A partir dessas informações, torna-se possível encontrar a folga existente para uma atividade no cronograma e, então, estudar possíveis variações no seu sequenciamento, considerando os recursos disponíveis e os esforços necessários. O conjunto de atividades sem folga no cronograma formará o caminho crítico do projeto, que está em destaque na Figura 15.

FIGURA 15 Caminho crítico do projeto

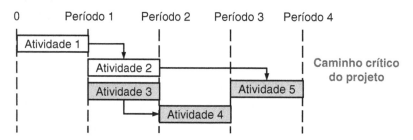

A análise fornecida pelo PERT-CPM esclarece quais são as atividades críticas no gerenciamento do projeto. Assim, pode-se redobrar a atenção com essas atividades ou mesmo tentar removê-las do caminho crítico. Isso aumenta a probabilidade de o projeto conseguir atender ao seu cronograma.

Contribuição

Essa ferramenta facilita o sequenciamento das atividades relacionadas com um objetivo comum. Dessa forma, seus resultados contribuem com o roadmapping pela integração dos vários projetos e ações necessários para o atingimento dos objetivos e pela definição das relações de dependência e de sequenciamento. Por exemplo, num roadmapping usualmente são analisadas as dependências existentes entre os projetos de produtos e tecnologias a fim de identificar quais desses são críticos para a manutenção do plano de inovação. Assim, essa ferramenta contribui tanto para o sequenciamento dos elementos internos das camadas quanto para o sequenciamento de elementos entre camadas.

PARA INFORMAÇÕES ADICIONAIS

PMI. "Practice Standard for Scheduling". Pennsylvania: Project Management Institute (PMI), 2007.
PMI. "Project Management Body of Knowledge (PMBOK)". 4th ed. Pennsylvania: Project Management Institute (PMI), 2008.

---

3. Ferramentas para projeção de informações

Esse grupo de ferramentas é formado por técnicas, métodos e abordagens cujos resultados buscam contribuir com informações sobre o futuro das camadas do roadmap, como mostra a Figura 16. A previsão dos cenários futuros é importante para que a organização consiga decidir quais objetivos e ações seguir no curto e médio prazos. Nesta seção são apresentadas três dessas ferramentas: o "Planejamento de Cenários", a "Estratégia do Oceano Azul" e a "Inovação Aberta".

FIGURA 16 Contribuição das ferramentas de projeção de informações para o planejamento dos cenários futuros

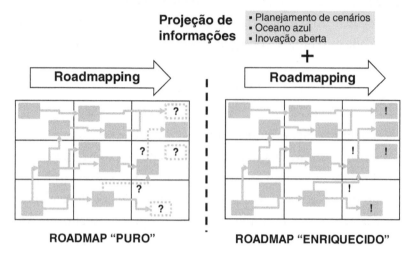

3.1. Planejamento de cenários

Essa ferramenta busca descrever as prováveis situações futuras de um segmento de mercado ou setor industrial na forma de cenários, que podem ou não se tornar reais. Podem ser elaborados cenários distintos para representar os desafios, objetivos, ações e resultados, dependendo da proposta de futuro de cada organização. O planejamento de cenários tende a ser mais produtivo nas seguintes circunstâncias: [26]

- Alta incerteza sobre a capacidade dos gestores para ajustar rapidamente suas operações.
- Ocorrência, no passado, de muitos eventos inesperados que afetaram a organização.
- Dificuldade de identificação proativa de novas oportunidades de negócio.
- Mudança significativa no setor industrial.
- Diversidade de opiniões e visões sobre o futuro da organização, do setor e do mercado.

Essa ferramenta é mais indicada, portanto, para organizações que não possuem clareza sobre o futuro do ambiente no qual seu negócio está inserido.

A Figura 17 apresenta uma matriz usada para a construção de quatro cenários a partir da combinação das condições extremas de duas dimensões. A dimensão A poderia representar, por exemplo, o poder de barganha do principal fornecedor da organização no futuro, sendo a condição "A–" referente a um poder extremamente baixo e a condição "A+" referente a um poder extremamente alto. Já a dimensão B poderia representar o nível de competência da organização para executar as atividades do fornecedor no futuro. Novamente, a condição "B–" poderia representar um nível de competência extremamente baixo e a condição "B+", o inverso. Nesse caso, o cenário "A+/B+", por exemplo, representaria uma situação futura de altíssimo poder de barganha do principal fornecedor, mas também de alto nível de competência da organização para realizar as atividades subcontratadas. Nessas circunstâncias, uma estratégia de internalização dos processos de negócio terceirizados poderia

FIGURA 17 Matriz para a exploração de cenários

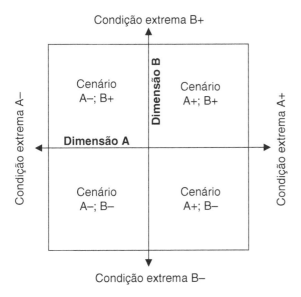

ser adotada para romper com a dependência do fornecedor, aproveitando a competência interna já instalada.

Depois de identificados e descritos os possíveis cenários futuros, a organização deve adotar uma estratégia para gerenciar seu posicionamento futuro em um cenário específico ou em um conjunto de cenários. Para isso, ela pode considerar:[29]

- **Cenário mais provável:** a organização prepara sua estratégia adotando como premissa que o cenário mais provável se tornará realidade.

- **Melhor cenário:** a organização prepara sua estratégia adotando como premissa que o melhor cenário se tornará realidade.

- **Combinação:** a empresa prepara sua estratégia adotando como premissa um grupo de cenários e tentando garantir que a estratégia contemple um cenário suficientemente relevante e completo.

- **Flexibilidade:** a empresa prepara sua estratégia tentando retardar a tomada de decisão, que só acontecerá quando uma variável relacionada com os cenários tornar-se ou não verdadeira.

- **Influência:** a empresa prepara sua estratégia de forma a influenciar as variáveis relacionadas com os cenários e, então, garantir que o melhor cenário se torne realidade para ela.

Contribuição

Essa ferramenta oferece meios para a construção de cenários futuros que embasam a formulação de estratégias mais robustas. Seus resultados enriquecem o roadmapping por ajudarem na previsão de informações sobre o futuro das camadas levadas em consideração no roadmap, o que orienta a definição dos caminhos estratégicos a serem adotados no curto e médio prazos.

> **PARA INFORMAÇÕES ADICIONAIS**
> SCHOEMAKER, P. J. H. "Scenario Planning: A Tool for Strategic Thinking." *Sloan Management Review*, v. 36, n. 2, p. 25-40.
> HEIJDEN, K. VAN DER. *Planejamento de cenários: A arte da conversação estratégica.* 2ª ed. São Paulo: Bookman, 2009.

3.2. Estratégia do Oceano Azul

Essa ferramenta aplica o conceito proposto por Kim e Mauborgne,[26] que sugerem uma mudança nos fundamentos que direcionam o planejamento estratégico. De acordo com os autores, formular a estratégia da organização a partir da identificação das possibilidades existentes nos mercados em que ela já atua não é a forma mais efetiva de planejar para a inovação. Isso acontece porque a análise da evolução de um mercado existente pressupõe que sua estrutura permanecerá razoavelmente estável. Como consequência, a estratégia resultante tende a maximizar o valor dos produtos e serviços conhecidos e, assim, seria possível servir os diferentes grupos de clientes já estabelecidos e superar os principais rivais que atuam no mercado.

Por outro lado, a formulação da estratégia do Oceano Azul tem por objetivo identificar novos espaços competitivos, nos quais é possível criar e moldar novas estruturas de mercado. Para isso, novos produtos e serviços são idealizados a partir de combinações de oportunidades identificadas em indústrias alternativas e complementares. No desenvolvimento da estratégia do Oceano Azul, a organização deve identificar os principais fatores competitivos nos mercados em análise e, para cada fator, determinar se este deve ser:

- Eliminado, pois o mercado não o valoriza mais.
- Reduzido a uma importância bem inferior aos padrões atuais.
- Aumentado em relação aos padrões atuais da indústria.
- Criado, porque a indústria nunca o ofereceu.

A Figura 18 apresenta um exemplo de análise estratégica que usa o conceito dessa ferramenta para uma instituição educacional. O objetivo neste exemplo é estabelecer diferenciais por meio da introdução de fatores competitivos inovadores, que não eram anteriormente considerados pelas organizações concorrentes.

Na formulação de uma estratégia do oceano azul, a organização precisa, antes de tudo, olhar para o futuro e ser capaz de identificar oportunidades de mercado inexploradas. A seguir são descritas algumas das técnicas utilizadas nesse sentido:[29]

- Identificação de setores industriais alternativos ou complementares, capazes de alterar as funcionalidades de produtos ou serviços, ou de alterar a forma como eles são produzidos, transportados ou comercializados.

- Identificação de mercados emergentes, que geralmente exploram novas tecnologias para viabilizar novos negócios e que ainda não são totalmente compreendidos e explorados pelas organizações existentes.

- Identificação de novos grupos compradores, que podem ser atingidos com a transformação das características do produto ou do serviço oferecido.

- Combinação com outros produtos e serviços, eventualmente provenientes de setores inexplorados, por meio da realização de parcerias.

PARA INFORMAÇÕES ADICIONAIS
KIM, W.C.; MAUBORGNE, R. *A estratégia do oceano azul: como criar novos mercados e tornar a concorrência irrelevante*. Rio de Janeiro: Campus/Elsevier, 2005.

Contribuição

Essa ferramenta auxilia na busca por estratégias futuras com foco em novos mercados, diferentes daqueles normalmente trabalhados

Enriquecendo o resultado do roadmapping   **179**

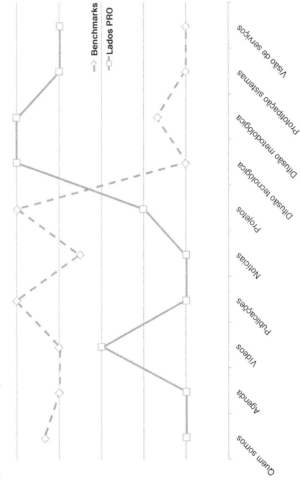

FIGURA 18 Exemplo de análise estratégica com o conceito do oceano azul para uma instituição educacional

pela organização. Seus resultados enriquecem o roadmapping no preenchimento de objetivos futuros para as camadas do roadmap. Afinal, as análises propostas por esta ferramenta apoiam a projeção de novas oportunidades de mercado, a partir de inovações em produtos, serviços e tecnologias.

3.3. Inovação aberta

Essa ferramenta, conhecida em inglês como *open innovation*, incentiva a busca por novas ideias e novas formas de explorá-las fora das fronteiras da organização (Figura 19). Sua utilização cresceu na década de 2000,[27] quando se tornou claro para as organizações que era inviável tentar dominar todos os conhecimentos relevantes para o negócio. Então, essas organizações passaram a buscar parcerias para inovar de forma colaborativa, minimizando investimentos e compartilhando riscos.

A aplicação da inovação aberta pode variar desde a criação de redes de colaboração complexas, envolvendo vários parceiros, até o simples envolvimento de uma pessoa externa capaz de contribuir com novos

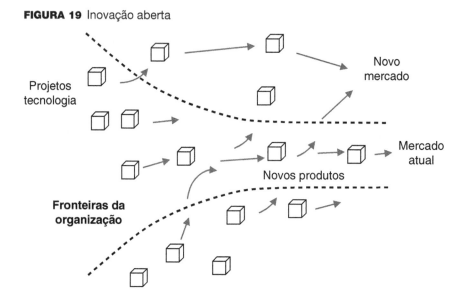

FIGURA 19 Inovação aberta

conhecimentos e ideias. Uma das maiores preocupações e dificuldades do uso efetivo da inovação aberta é a gestão da propriedade intelectual dos parceiros envolvidos. Contudo, uma vez solucionadas essas questões, que podem envolver assuntos jurídicos, a inovação aberta viabiliza o acesso a uma extensa lista de oportunidades futuras criadas pelo acesso às melhores competências disponíveis no mercado.

Contribuição

Essa ferramenta auxilia na identificação de oportunidades futuras para o desenvolvimento de tecnologias e produtos inovadores por meio de parcerias. Dessa forma, seus resultados enriquecem o roadmapping pela indicação de oportunidades futuras para os produtos e tecnologias, as quais seriam de difícil percepção em um ambiente organizacional fechado.

PARA INFORMAÇÕES ADICIONAIS
CHESBROUGH, H.W. *Open Innovation: The New Imperative for Creating and Profiting From Technology.* Massachusetts: Harvard Business School Press, 2003. SULLIVAN, N. *Technology Transfer: Making the Most of Your Intellectual Property.* Cambridge: Cambridge University Press, 1995.

4. Resumo do capítulo

Neste capítulo foram apresentadas ferramentas que podem ajudar a minimizar os três tipos de limitações encontradas nos resultados do roadmapping: limitações nos elementos de cada camada do roadmap, limitações na integração entre as camadas e limitações na previsão do futuro. As ferramentas abordadas foram descritas de forma sucinta, com o intuito de facilitar para os interessados a identificação daquelas com maior utilidade para aplicação em um caso específico.

As ferramentas apresentadas neste capítulo para aprimorar a aquisição de informações para as camadas foram:

- **Camada de mercado:** Missão e Visão, SWOT, Modelo das 5 Forças, Voz do Cliente e Modelo de Kano.

- **Camada de produto:** Gestão de Portfólio e Planejamento de Plataformas.

- **Camada de tecnologia:** Nível de Prontidão de Tecnologias, Valoração de Tecnologias e Mapeamento de Competências.

As ferramentas propostas para viabilizar uma melhor integração das informações pertencentes às diferentes camadas foram:

- Matrizes de correlação.
- PERT-CPM.

E, finalmente, as ferramentas destacadas para o objetivo de estabelecer previsões e incorporar informações sobre o futuro foram:

- Planejamento de cenários.
- Estratégia do oceano azul.
- Inovação aberta.

5. Referências

[1] MCGRATH, M.E. "Strategy Requires Vision". In: *Product Strategy for High Technology Companies: Accelerating your Business to Web Speed*. Nova York: McGraw-Hill, 2001.

[2] VASCONCELLOS FILHO, P.; PAGNONCELLI, D. *Construindo estratégias para vencer! Um método prático, objetivo e testado para o sucesso da sua empresa*. Rio de Janeiro: Campus/Elsevier, 2001.

[3] ANDREWS, K. *The Concepts of Corporate Strategy*. Homewood, IL: Dow Jones-Irwin, 1971.

[4] LEARNED, E.P.; CHRISTENSEN, C.R.; ANDREWS, K.R.; GUTH, W.D. *Business policy: text and case*. Homewood, IL: Richard D. Irwin, 1969.

[5] PORTER, M.E. *Competitive Strategy: Techniques for Analyzing Industries and Competitors.* Nova York: Free Press, 1980.

[6] PORTER, M.E. "As cinco forças competitivas que moldam a estratégia". *Harvard Business Review*, v. 86, n. 1, p. 78-93, 2008.

[7] KANO, N.; SERAKU, N.; TAKAHASHI, F.; TSUJI, S. "Attractive Quality and Must-be Quality". *The Journal of the Japanese Society for Quality Control*, v. April, p. 39, 1984.

[8] PMI. "The Standard for Portfolio Management". *Project Management Institute*, 2008.

[9] COOPER, R.G.; EDGETT, S.J.; KLEINSCHMIDT, E.J. *Portfolio Management for New Products.* 2ª ed. Massachusetts: Perseus Books, 2001.

[10] OLIVEIRA, M.G.; ROZENFELD, H. "Aplicação da gestão de portfólio na seleção de projetos de produtos de uma pequena empresa de base-tecnológica". In: RABECHINI Jr., Roque; CARVALHO, Marly Monteiro de. (Ed.). *Gerenciamento de projetos na prática 2: casos brasileiros.* São Paulo: Atlas, 2010.

[11] MEYER, M.H. "Revitalize Your Product Lines Through Continuous Platform Renewal". *Research Technology Management*, v. 40, n. 2, p. 17-28, 1997.

[12] ROBERTSON, D.; ULRICH, K. "Planning for product platforms". *Sloan Management Review*, v. 39, n. 4, p. 19–32, 1998.

[13] MANKINS, J.C. "Technology readiness levels: a white paper". Advanced Concepts Office, Office of Space Access and Technology, NASA, 1995.

[14] CRAVER, J.; ELLIS, M. "Technology Program Management Model (TPMM): a systems-engineering approach to technology development program management." 9th Annual Systems Engineering Conference: "Focusing on Improving Performance of Defense Systems Programs", San Diego, CA, 23-26 October, 2006

[15] NOLTE, W.L.; KENNEDY, B.C.; DZIEGIEL, R.J. "Technology Readiness Level Calculator". 6th Annual Systems Engineering Conference, San Diego, CA, 20-23 October, 2003.

[16] FAULKNER, T.W. "Applying 'options thinking' to R&D valuation". *Research Technology Management*, v. 39, n. 3, p. 50-56, 1996.

[17] RAZGAITIS, R. *Valuation and Pricing of Technology-Based Intellectual Property.* New Jersey: Wiley, 2002.

[18] DISSEL, M.C.; PHAAL, R.; FARRUKH, C.J.; PROBERT, D.R. "Value Roadmapping: A Structured Approach For Early Stage Technology Investment Decisions". PICMET 2006 Proceedings. 2006.

[19] PRAHALAD, C.K.; HAMEL, G. "The Core Competence of the Corporation". *Harvard Business Review*, maio-junho, p. 79-91, 1990.

[20] PRAHALAD, C.K.; HAMEL, G. *Competindo pelo futuro: estratégias inovadoras para obter o controle do seu setor e criar os mercados de amanhã*. Rio de Janeiro: Campus/Elsevier, 2005.

[21] HITT, M.; IRELAND, R.; HOSKINSSON, R. *Administração estratégica*. São Paulo: Thomson, 2001.

[22] AKAO, Y. *QFD: Quality Function Deployment: Integrating Customer Requirements into Product Design*. Nova York: Productivity Press, 2004.

[23] CHENG, C.L.; MELO FILHO, L.D.R. *O Método QFD na gestão de desenvolvimento de produtos*. Belo Horizonte: Edgard Blucher, 2007.

[24] PMI. "Practice Standard for Scheduling". Pennsylvania: Project Management Institute (PMI), 2007.

[25] PMI. "Project Management Body of Knowledge (PMBOK)". 4th ed. Pennsylvania: Project Management Institute (PMI), 2008.

[26] KIM, W.C.; MAUBORGNE, R. *A estratégia do oceano azul: como criar novos mercados e tornar a concorrência irrelevante*. Rio de Janeiro: Campus/Elsevier, 2005.

[27] CHESBROUGH, H.W. *Open Innovation: The New Imperative for Creating and Profiting From Technology*. Massachusetts: Harvard Business School Press, 2003.

[28] SULLIVAN, N. *Technology Transfer: Making the Most of Your Intellectual Property*. Cambridge: Cambridge University Press, 1995.

[29] SCHOEMAKER, P. J. H. "Scenario Planning: A Tool for Strategic Thinking." *Sloan Management Review*, v. 36, n. 2, p. 25-40.

[30] HEIJDEN, K. VAN DER. *Planejamento de cenários: A arte da conversação estratégica*. 2ª ed. São Paulo: Bookman, 2009.

CONHEÇA OUTROS LIVROS DA ALTA BOOKS!

Negócios - Nacionais - Comunicação - Guias de Viagem - Interesse Geral - Informática - Idiomas

Todas as imagens são meramente ilustrativas.

SEJA AUTOR DA ALTA BOOKS!

Envie a sua proposta para: autoria@altabooks.com.br

Visite também nosso site e nossas redes sociais para conhecer lançamentos e futuras publicações!

www.altabooks.com.br

/altabooks ▪ /altabooks ▪ /alta_books

ALTA BOOKS
E D I T O R A